그대가 꾸는 꿈

문학고을시선 · 20

그대가 꾸는 꿈

초판 1쇄 발행 | 2023년 8월 29일

저 자 | 방동현

펴 낸 곳 | 도서출판 문학고을
펴 낸 이 | 조진희
편 집 자 | 조현민
주소 | 경기 부천시 삼작로317번길 15 (여월동)
서울사무실 | 서울시 강남구 학동로38길 38 (논현동) 204호
전화 | 02-540-3837
이메일 | narin2115@naver.com
등록 | 제2020-111176호

ISBN 979-11-92635-12-5 03810
정가 12,000원

© 방동현, 2023

* 이 책의 판권은 지은이와 도서출판 문학고을에 있습니다.
* 잘못된 책은 구입처에서 교환해 드립니다.

문학고을시선 · 20

그대가
꾸는 꿈

방동현 시집

문학고을

| 시인의 말 |

첫 시집을 출간하며

설풍이 칼바람으로 몰아쳐 몇십여 년간 흔적마저 가물거렸던 언어의 숲이 도심의 오아시스 천변 숨소리에 깨어나 기지개를 켜고 흡반을 열어 다가오거나 스치는 부유물들을 가슴에 담아 작은 숲으로 자랐습니다.

숲이 빈약하여 열매 풍성하리라 기대는 꿈속 일일 뿐이었는 데 눈앞에 설렘과 두려움 버무린 첫 열매를 땁니다.

앞으로 진솔한 언어의 숲이 더욱 풍성하게 우거져 지친 이들의 쉼터가 되고픈 바람입니다.

여기까지 이끌어 주신 언어의 고향 문학고을 회장님과 선후배 문우님, 언어의 풀무장 이를 마다하는 제게 용기를 북돋고 응원하는 삼 남매와 조카 모든 분에게 첫 수확의 기쁨을 바칩니다.

시인 방동현 배상

| 목차 |

5   시인의 말

제1부 내 인생에 술 한잔
12   거울을 보며
14   그래도 넌
15   극락조
16   내 인생에 술 한잔
18   누이
20   늦은 밤 내리는 비
22   다시 꾸는 꿈
24   불면
25   비가 내리면
26   불광천
28   비가悲歌
29   사랑이라는 것
30   빨리 걷기
32   산다화
33   석탄백탄 타는 데
36   소환召還
38   안 되겠니
40   정거장
42   코스모스
44   하얀 카네이션 꽂아 놓고
46   형제
48   화인火印 혹은 낙인烙印이라는 꽃
50   귀일歸一
53   행복
54   '그대'는 아니야

제2부 저무는 창가에서

- 58 G선상의 아리아
- 60 가을에
- 62 가을 길목
- 63 거울
- 64 귀향
- 66 겨울 초입
- 67 그리움
- 68 낙엽 연가
- 70 낮달
- 71 눈높이
- 72 막둥이
- 74 별리別離
- 76 둔치 사랑채
- 77 산다는 건
- 78 어디로 가나
- 80 이른 추석
- 82 이별 과외
- 84 자화상
- 86 저무는 창가에서
- 88 청소
- 90 침묵
- 91 태풍이 흐느낀다
- 92 하루
- 94 모두 비움으로 돌려도
- 96 봄비

제3부 존재의 이유

- *100*   건강 아차상
- *102*   겨울 뜰
- *104*   겨울 연가
- *106*   겨울 풍경
- *107*   그리움 Ⅱ
- *108*   늪배
- *110*   두 얼굴
- *111*   마음 비우기
- *112*   만추晩秋
- *113*   벽
- *114*   사랑, 그만
- *116*   별
- *117*   새 날엔
- *118*   섞기
- *119*   세월
- *120*   십이월의 눈
- *121*   오늘도 무사히
- *122*   위로
- *123*   잡초
- *124*   존재의 이유
- *126*   저 바람은
- *127*   참 예쁘다
- *128*   희망 보험
- *130*   분갈이한 후에
- *132*   약속이 노을 뒤로 숨을 때

제4부 그대가 반길 때

- **136** 가노라면
- **137** 고마워요 사막 여신
- **138** 그 녀석 가고 나면
- **139** 그대가 꾸는 꿈
- **140** 그대가 반길 때
- **142** 그리다 만 세상
- **143** 기대
- **144** 나 만의 성
- **146** 남루
- **148** '나' 라는 사람
- **149** 달려라 버스야
- **150** 따라오다 보니
- **151** 또다시 봄
- **152** 미안하고, 미안해
- **153** 바다
- **154** 부딪혀 올 때
- **156** 봄바람은 왜 흔들릴까
- **157** 사랑
- **158** 살다 보면
- **159** 실향
- **160** 찾아 주세요
- **162** 편안해서 좋다
- **164** 인생길
- **166** 재촉
- **168** 한 잔 술이 부르는 노래

해설

- **170** 언어의 숲에 핀 꽃 | 김신영

제1부
내 인생에 술 한잔

거울을 보며

오며 가며 그러려니
지나치기 일상인 전신 거울 앞
어느 순간
눈에 박혀 뜰 시간을 잊었다

거울 속의 자네는 누구
초대한 적 없는 낯선 이가
물끄러미 마주한다

구부정한 어깨 뿔테 안경 빠진 볼살
가로세로 주름 지나는
적은 숲에 희끗희끗 중년

'아하
내가 나를 잊었구나'

빛바랜 사진첩의 젊은 이
뒷모습을 언제
기억 속에 감추었나

그리움은 떠난 자를
데려오지 못한다

보고픔 저대로 두고
세월이 빚은 이대로
걸어가야 할 밖에

그래도 넌

화려함이 지나 쳐 불러온 재앙
거역 불가 지우개
남김없이 지우는 하얀 눈
그래도 넌 들킬까
웅크리고 웅크리어 자세 낮추네

떠나라 떠나라 쫓기어
빛 잃은 동굴에 갇힌 유배자
그래도 넌
보고 픈 일념 주머니 담아
꿈으로 간직하고

냉기의 바람 몰아오는 눈덩이
에리어 오는 살갗 하릴없이 무디어 가도
힘들게 내뱉는 가쁜 숨의 안간힘

기다림의 미학이 완성되는 날
얼어가는 심장에
깊이 숨겼던 연초록으로 돋는 희망

극락조

꿈꾸는 건 극락
신비의 아름다움
그대 곁에 머무르는 작은 기쁨

우기의 칠월이 부르는 소낙비
바다 건너 머나먼 불의 나라
축복의 생명수
잠들었던 디엔에이가 꿈틀댄다

선택은 인연이 되어 동고동락 칠 년 여
고된 하루하루 버거운 삶
지친 몸 뉘이는 그대
조심스레 지켜보기 많은 날
사랑의 손길이 되어 준 당신
그대에게 기쁨의 한 송이 꽃
피워 내지 못함은
그대 향한 다가감이 아직도 먼 거리

부끄러워 부끄러워
아침 햇살 노을 지는 저녁도
고개 떨구는
내 이름 파초 극락조

내 인생에 술 한잔

발길이 끄는 대로
길을 따라 선 곳은
보이는 듯 보이지 않고
사라진 듯 나타나는
사막의 신기루
허상을 쫓다 돌아서는
내 인생에 술 한잔

모롱일 돌아 찾아드는 길에
채이는 돌 무성한 가시덤불
온몸에 상처 훈장처럼 새긴
내 인생에 술 한잔

이쪽인가 저쪽인가
지친 몸을 누이고
별빛에 길을 묻는
내 인생에 술 한잔

다가오는 새벽에 스러지는 어둠
만물 윤곽 드러내듯
길 또한 또렷하길
이슬 한 모금에 갈증 푸는

내 인생에
내 인생에
술 한잔

누이

누이에게선 들국화 애잔한
향이 스며 나온다

바람 꼬리 하나 잡아
날아온 돌무더기 옆

땅에 빌어 내리는 뿌리
이슬로 달래는 타는 목
비바람 견디는 목숨 줄에
잎마다 애달픔이 묻어 난다

마음에 그린 알록달록 세상
황무지로 펼쳐져 가도
흐르는 세월
무관하다 고개 젓지만
어깨에 얹히는 무게
등은 내려만 앉고

그 끝에 피어나는 들국화
고단한 생이
세월이 입혀준 강인함과 쓸쓸함 버무린
보라 화관을 쓴다

눈을 들면
노을 걸린 지평선 아래
쑥부쟁이 보라의 누이가
거기 있다

늦은 밤 내리는 비

늦은 밤
똑똑똑 두드리는 소리
하마 너일까
앞세운 반가움 문을 열면
굵은 빗 줄기
손사래 인사
닫고 돌아서는 화석화 얼굴

소식없는 그대는
이 비 쏟아지는 어디쯤

말없이 떠나가
마음에 화초 길러 그리움 피고
꽃지면 돌아오지 못할까
다시 마련하는 미련

길목마다 수은등 걸어도
빗줄기에 모래알로 흩어지는 불빛
그대 오는 길
안개로 가려져

세찬 비
대신 오면 어깨동무
길목 어귀 망부석에 꽂은 동백
붉은 울음이 웅웅

그대
비가 시가 되어 부르는
노래로 오시길
늦은 밤 내리는 비
길 떠난 당신이면

다시 꾸는 꿈

언어가 소멸한다
하나 둘 도란거리던 말들이 사라지더니
캔버스를 거의 채웠을 때쯤
물의 속삭임
꽃의 웃음소리
펄떡이는 잉어가 부르는 생명의 노래
마주 보는 너와 나
애틋한 이야기가
어느 순간
허공의 공솥이 되고
텅 빈 화폭 위
뒤돌아선 그대 눈에 내리는 슬픔
쓸쓸하게 귀퉁이에 남았을 뿐

색은 자연에서 빌고
하늘의 파렛트에
고이 삭힌 눈물과 땀, 꿈을 섞었건만
물과 기름으로 겉돌아
모두와 결별로 이어졌네

설익은 꿈이 백지로 다가서는
심장 관통의 고통

꿈에 추가하여
다시 순백 화폭을 준비한다

불면

아침은 늘 찬란한데
비껴가고 싶은 욕망이
새벽빛으로 출발해도
캄캄한 절망으로 오는 저녁

끙끙 앓는 녀석과 친구가 됩니다

아직은 배울게 많다고
하늘이 일러주지만
지금도
믿지 않은 생각이 앞서고
또다시
초대하지 않은 친구와 동행합니다

날들이 쌓여
마지막 하루가 어둠을 불러올 때쯤
눈에 흐르는 것이
기쁨 일지 슬픔 일지 답을 얻으려
밤새워 놓는 연습을 하지만
마주하는 결과는 받아들이렵니다

비가 내리면

비가 내리면
초록이 절정인 계절

창문 밖 장대비
문을 두드리면

누군가 올 것만 같다

고개 들면
자욱한 안개
텅 빈 시야 허공뿐인데

누군가
내가 보낸 그리움 하나

짚은 지팡이에
빗소리 앞세워

닫힌 가슴 두드릴 것만 같다

불광천

6월의 불광천은 설레임이다

서해에서 일어나
한강을 건너,
도열한 나무 둔치 아래
천을 거슬러 북한산
바람길이 열리면

초록 천변
수줍은 들꽃 보일락 말락

어미품에서 조는 청둥오리 새끼
헤집이는 갈대 사이
집이 위태로운 개개비
울음소리 잦아지고

가는 듯 멈추고 멈추는 듯
흘러가는 물살
치어들 몸놀림이
어미를 닮아간다

발길 닿는, 시선이
머무르는 모든 곳
불광천은
생명을 품고 키워내는
가슴 가득 따듯함이다

잠시 머무르다 돌아서는
내게도
지친 일상에 누워버린
표피를 일깨워
'살아있음' 한 조각 떼어
심장에 달아준다

비가悲歌
- 그해 3월 불광천변 -

우산으로 가린들 무엇하랴
천변川邊에 흩날리는 꽃비
가슴속 웅크린 돌덩이 녹아
안개비로 젖어 오는 것을

습관習慣은 나를 불러 그해 3월
이 천변
벚꽃 흐드러진 벤치에 세우지만
뿌연 뒷모습의 그대는
기억 너머에 있네

지난겨울 안녕이란 말도 없이
핏빛 진한 노을로
추억은 산자의 몫이라
등 떠미는 사람

눈을 가린들 무엇하랴
망막 안 희미한 그림자는
더욱 또렷해지고
서리서리 뒤엉킨 못다 한 말들이
천변 흐르는 물길에 여울지는 것을

사랑이라는 것

사랑이라는 건
서로 교감하고 이해하는 것

풀숲에 핀 한 송이 꽃
다가가 눈 맞추고 뽀뽀해 주는 것

개와 견주 다정한 눈길 주고받는 것
하마 아플세라 목줄 늘이는 것

아직도 만나지 못한 너와 난
가슴이 끄는 대로 만나

노을 지는 석양에 서서
다독이며 어깨를 나란히 하는 것

서로의 얼굴에 번지는 미소
마주 보는 눈망울에 담는 것

빨리 걷기

동공이 여명을 받아들인 순간부터
시작된 삶은
생존의 명제命題 안에 머무르나 보다

인생 후반 전
건강한 노후를 바라 선택한 빨리 걷기
쫓기는 걸음의 급함은 예나제나
다름이 없네
헐떡이며 쉼표 없이 달려도
결과는 마찬가진데

몇 분 줄이기 위한 몸부림이
풀 한 포기 파릇함의 신선함
바람의 여유로움
넓은 세상 꿈꾸며 내달리는
냇물의 조용조용한 울림도 지나쳤네
이 천변川邊

겉과 속이 다른 몸은
마음이 급할수록 걸음은 꼬이고
조여 오는 숨소리
반복되는 땀방울

고단함으로 하소연하네

규칙規則을 따라 허둥대며 살아온
중년의 삶
이제는 부는 바람에 실어 보내라
새가 지저귀네

인생 2막은
굴레의 팍팍함에서 놓여나
헐떡이는 숨을 고르라
노을 고운빛이 일깨우네

아마도 아마도
들숨과 날숨이 멈추기 전
삶이 짊어진 명제命題가
한 줄 답으로 수놓아지길

잘 살아냈노라고

산다화

그대는 쓰디쓴 달콤함
한줄기 새벽빛으로 달려도
움켜줠 수 없는 아득한 노을

그대 떠난 빈 들에 서리 내리면
산다화 서리동 백 송이송이
내미는 수줍은 아가씨

남겨진 어린 희망 하나
가슴 한편 내어 주고
허연 구레나룻 휘날리며 지쳐오면
비틀대는 길 손
가녀린 발로 뛰어나와 건네는 차 한잔

찾아드는 어둠 송이마다 붙인 불로
다시 올 그대 위해
겨울 긴긴 날밤

아는가 또 다른 기약
너를 향한 손짓이
마지막 꽃잎마저 재로 바치는
기다림, 처절한 황홀

석탄백탄 타는 데

석탄백탄 타는 데 연기가 펄펄 나고요
이내 가슴 타는 데 연기도 김도 안 나네

첫제사를 모시며
간직 하자, 잊지 말자 두 마디 문구
프린터로 뽑아 추억
첫째 장에 간직했으나
스멀스멀 그 자리를 차지한
핑계
사진을 보아서야
또렷한 어머니 모습
걸어 나오시기 여러 해

섭섭하셨나 보다
석탄가 두 소절 앞세워 마주한
내 여섯 살
늦봄 금계산 자락
화전밭 옥수수 고랑을 매던
어머니와 네 남매
어린 기억 속

당신의 단 두 소절이 골짜기를 타고
마을을 건너
석양으로 향하는 곳

청중은
푸르름 잔치의 산천
치닫는 골짜기 바람
한 귀퉁이 숨은 하늘과 대답 잃은 메아리, 그리고
소도시에 유학 보낸 큰 누나
태어나기 전 막내를 제외한
열 살 전후의 네 남매

미완의 노래 두 소절이
반복되는 질곡의 삶
무능한 남편 다른 여자에게 내어 주고
쫓기듯 산골로 숨어들어
화전밭 빌어 자식들 생계
보듬어야 했던 당신
모습이 가물댈 때쯤 찾아오는 손님
자식을 불러내어 아저씨라 부르라던
남편 존재 애써 부정한 애증의 세월
철든 후에야 알았네

당신 단 하나 위안이었음을

잘 지내라 한마디
돌아서는 뒷자락에
아이인 양 따라가는 노래 두 소절
남은 자에 각인시킨 모진 삶
헤아리지 못한 회환이
눈물로 잠기네

석탄백탄 타는 데 연기가 펄펄 나고요
이내가슴 타는 데 연기도 김도 안 나네

소환召還

이제, 소환召還한다
수레에 실어 보냈던
수십 년 전 길 하나 갈림길 초입

눈송이 낙화로 가리는 시야
내 안의 문이 밖을 향해
열리는 나이 육십 하나

국화꽃 지던 스무 해
만개 없이 시들어 가슴 한 편
저림으로 채운 꽃씨 한 움큼
기억 깊은 곳에 봉인했던
젊은 날의 소망

잡초로 덮인 길 열어
한발 두발 내딛는 걸음
불러 세운 두근 거림

콩닥이는 심장의 울림
나폴대는 나비 날갯짓에 설렘 실어

추위를 감내하며 피어나는 국화,
한국寒菊 고운빛으로 피워내고 싶다
켜켜이 앉은 먼지에 묵혔던 꿈

안 되겠니

안 되겠니
하늘이 허락한 우리들인데

안 되겠니
대지가 열린 후
네 땅 내 땅 모르고
어울렁 더울렁 어우러졌는데

안 되겠니
어느 순간
선택된 넌 화사한 이름
열외인 난 뭉뚱그린 잡초
아주 작은 몸짓으로 네게 기대도

안 되겠니
네가 가진
햇빛 한 뼘, 바람 한 줄, 물 한 움큼
나눠주면

안 되겠니
화려하진 않지만 수수한 웃음
벌, 나비도 쉬어 가는데

이해하겠니
네 삶에 최선을 다하듯
뽑히고 밟혀도 끈질기게 살아남아
부여된 이 목숨 붙잡는 것

정거장

간밤 늦더위에 열어 논 차창으로
제집인양 들어오는
서늘한 바람

계절은 입추立秋를 지나 처서處暑,
백로白露가 내일모레
봄 여름을 감내한 수고가
튼실한 열매로 이어지는
절기節氣의 교차점

한창인 진초록의 여름은
아쉬움이 그득하다

짐을 진 초로의 연륜이 서있는 이곳은
통과해야 할 역의 몇 번째일까

알고 지나쳤든 모르고 멈췄든
무심히 스쳐가는 차창 밖 풍경

희로애락喜怒哀樂 애오愛惡 욕慾
탯줄에 달려 나온 일곱 번민煩悶 꾸러미
휠듯한 등짐은 그대로인데

굴곡진 세월의 주름을 달고
빠진 볼살에 보일 듯 말 듯
젖은 눈매의 나그네
가쁜 숨에
두려움을 얹는다

아!
여정旅程의 끝에 부려지는
칠정七情 덩이 얼마나 될까

코스모스

초록물결 썰물 져 가는 계절의 길목
한 송이 코스모스
처연한 아름다움이 한들 거리네

세찬 비바람 불면 저 홀로
누웠다 일어서는 힘겨움의 꽃
그 꽃자리 서있는 누나

장손도 장녀도 아니건 만
한탄과 원망
자식에게 쏟아낸 어머니
어리디 어린 몸이 감내해야 했던
어린 날

자유 찾아 떠난 서울살이
오랫동안 어머니와 내
기다림은 시작되고

영화처럼
코스모스 가냘픔으로 온 당신

가슴속 차오른 아릿함이
둑을 허물어
돌 틈새 물방울로 솟네

하얀 카네이션 꽂아 놓고

누구일까
먼동이 재우는 간 밤 불면의 곤한 얼굴
어둠 비낀 방안 햇살로 들어와
품에 안고 쓰다듬어 온기 건네는
당신은

굽이쳐 찾아드는 어스름 달빛도 무거우면
설백雪白 칼날로 끊어내고
홀로 보듬은 인연 지켜온 당신
봄 나들이
화사한 치장으로 마중 온 갈채의 신부들에
등짐 벗어주고
길고 긴 여정 끝낸 어머니

빨간 카네이션 전하지 못한
심중心中에 쟁인 안부 꾸러미 하얀 꽃잎에 걸면
투영되는 별 아래
카네이션 희디 흰 그리움이 피어난다

누구인가
그리움 한가득 푸른 잎에 엮어놓고
밟아 가신 하늘 바라보며

이슬에 함초롬 익는 말간 세월
단풍 진 눈에 담는
그대는

형제

바람을 쫓아가버린 날부터
담장을 허물기 시작했다

여러 해
자투리 뜰이 들어선 곳에

봄
울타리에 개나리가 설레고

그리운 마음이
장미로 만개하는 여름

가을
서리 인 국화가 피어난다

공지선 상
네가 섬으로 머문 후
해풍이 불어 뜰에 머물면

겨울 빈 뜰에 너 인 듯
함박꽃이 그득하다

네가 있는 내 뜰은
사시사철 꽃밭이다

화인火印 혹은 낙인烙印이라는 꽃

보이는 것만 꽃이 아니다
옥잠화 꽃대 돋는 우기
삭이지 못한 세월의 앙금이
늪이 되고
벗어날 수 없는 시샘이
남몰래 사르락 사르락
불꽃으로 피어나 마음을 넘어
열기로 타들어 가는 육신

강가에 서면
빗물에 섞인 타다 남은 삶의 굴레
물살에 밀리다 흩어져
비로소 놓여나는
붉은 저주로부터의 홀가분함

세월 속 그대들은
인연인지 악연인지
의미 없는 가벼움

세상은 언제나 펼쳐져
초대받은 하루하루
잠시 머무는 깃털

인생은

가슴에 고이는 물

퍼올려 비워내는 끝없는 반복

귀일歸一

수행자의 걸음으로 헤매었던가
수십 수천 개 생각 고리들이
빛살처럼 뻗어 가며
햇빛에 그을리고 폭풍우에 시달리다
늦은 밤
처연히 바라보는 달빛에 몸을 누인다

혼돈 지난한 삶들이
시골장터 어수선한 그림처럼 펼쳐지고
각기 다른 모습으로 하루를 살아 낸다

만선 가득 하늘 채우고 남는 여분을
지상에 뿌리며 보시하는 해
닮으라는 듯 유유자적 소맷자락 나폴 대며
서쪽으로 가는 구름
암울한 노역 씻어줄 어둔 밤 영롱이는 별
세상 그렸다 지워가는 칼날 눈보라

보란 듯이 깊은 수렁 만들어
출구를 가리는 안개 시도 때도 없이
넘나드는데

저기 저
하염없이 바람을 타고 허우적 대며
흔들리는 가여운 존재들

저마다 뜻이 있어
시린 얼음장 뚫고
끊어질 듯 나약한 생명력으로
너와 난
잘났거니 못났거니
같지 않는 눈높이로 키재기를 하지만
허울 벗으면
구분도 가늠도 어려운 하나

각기 품은 심상心想 또한
회귀回歸 문턱까지 발을 걸친 후에야
자연이란 하나로 스며드나니

생은 그저
눈앞에 어슴프레 드러내는 희미한 강기슭
물살에 씻기고 씻겨 모래알로 닳고 부서져
흔적도 없이 사라질 뿐이거늘

너와 나의 몸부림은
물아일체物我一體
하나의 귀결歸結을 향해 가는 것을

행복
 − 사랑하는 형제에게 −

아시나요

나는 가진 것이 없어요
그렇다고
튼튼하지도 않고요
비가 오면 젖고
바람 불면 날아갈 듯 비틀거리고
겨우 목숨 줄 붙잡는 들꽃

그래도
수줍은, 아주 수줍은
한 송이 꽃으로
미소를 지을 수 있는 건
같은 뿌리에 나고 자라
같은 기억을 공유하는

부대끼며 붙들어 주고
온기를 나누는
그대들과 함께 함임을

'그대'는 아니야

매미를 닮고 싶다
생의 대부분 어둠 속에서 기다리지만
짝을 만나 황홀을 위해 짧은 시간 줄달음하고
돌아가는 초승달 입구에 함께 서는

오래도록 기다리던 선한 그대를 만나
행복했다 꾸었던 꿈 속으로 귀환하고 싶다

한기 잦아드는 기나긴 기다림
온기 붙잡을 여행길
'그대'를 만나
불협화음 끼어들 틈조차 허락지 않는
'우리'가 되고픈데
티끌 털어내지 못한 바람은 엇나간 미끄럼틀

공기 빠진 튜브 채우는
만월로 오는 줄 알았는데
다른 지층을 밟고 있는지
눈 흔들림이 조금씩 다른 스펙트럼

문득 잠을 깨면
섞이지 못한 말들이

겉도는 틈니의 이물질로 남아
애써 청한 잠이 불편하다
몸을 흔들어

서로를 가르는 고통의 마그마 흐르지 않은데
자고 나면 점점 고립되는 섬
파도마저 비껴가길 바라는 눈짓이
슬픈 반딧불이로 밤바다에 떠돈다

따듯한 눈빛마저 실루엣으로 남기는 세상에
끈으로 묶여 다가오는 파고 헤쳐갈
경계를 허문 '우리'
하나가 그리울 뿐인데

제2부
저무는 창가에서

G선상의 아리아

머리에 얹힌 진초록에 눌려만 가는 무게를
덜고서야 기지개 켜는 시월
주머니에 잠자는 이진법 완전체의 초청장을 깨워
성큼성큼 산을 내려온다

낱개인 영과 일에
아무 방향성 없는 꿈틀거림이 움터
여린 바람에도 꺾일 듯 흔들리고
더위 따라 올라가는 온도계의 눈금으로 자라
타는 갈증, 몰아치는 폭풍, 때론
너와 나의 존재마저 흐릿하게 가두는 운무를 넘어
의미 있는 숫자의 조합으로 완성된
세월 잊은 한 송이 진붉은 장미로 피고 있는 그림 한 장

바이올린, 피아노의 이중주 G선상의 아리아가
하늘 푸른 잔에 일곱 빛깔로 담긴다

나는 지금
나팔꽃 넝쿨 가냘픔으로 출발했지만
주목朱木 오랜 생명력으로 진화하는
기억 한페이지, 어질 더 질* 찰나에 서 있다

---
* 어질 더 질: 판소리에서 끝을 맺는 말

G선상의 아리아
가장 낮은음으로 부르는 사랑의 시
작지만 큰 울림이 가을 펼쳐진 노을 따라 흐른다

가을에

지나간 후에야 알 일이다
도둑으로 숨어들어 심장 하나 보쌈해
길마다 빗물 지는 눈물 덩이 흘린 채
헐떡이며 달아나는 저 갈바람

세월 변곡점에서 잉태된 떨림
가다가다 막다른 길에 주저앉아
하늘에 쏟은 한숨
너와 나 풋풋했던 달뜬 몸짓
생과 사로 갈리운 그리운 이와의 경계

별빛과 꽃잎에 저당 잡힌
내밀한 공간의 열쇠라는 것

그 문을 열어
삶의 궤적을 끊임없이 들춰내고
머뭇대는 가을볕을
지금도 담는 중인 걸

평생을 물질 한 늙은 바다는
저물녘 선착장에

그물에 잡혀와 투정하는
해를 부린다 고즈넉한 가을에

가을 길목

홍엽에 취해 비틀대는
갈지자를 부축하는 건
어둠을 물리는 가로등
갈숲에 숨어 길을 여는 풀벌레

오늘은 돌 틈 새 샘물이고 픈데
어김없이 계절은 술을 권한다

온전히 깨어있는 날들이
내 생에 얼마일지
손에 꼽아도 헤일 정도네

가을은
푸른 눈을 담으라지만
풀린 동공은
붉게 타는 단풍을 끌어다 놓네

거울

갈피를 잡을 수 없으니
친구여
온전한 자신 바라보고픈데

거울 안에 들어앉은 내가
같은 듯 낯섦
탈 하나 쓴 듯 타인으로 다가와

명경明鏡은
죽어서야 볼 수 있고
마음 그대로 비추는 고경古鏡
그 앞에 나를 마주 할 수 있을지

똬리 튼 가식과 편견, 위선이
우리가 가꿔 온 우정보다 크다면
어쩌겠는가 자네는

욕심은 고경에 서길 바라지만
자네도 나와 다르지 않다면
우린 어떤 미래에 서게 될지

시원한 답을 구하지 못 해
자네의 혜안에 기대코자 하네 친구여

귀향

만나러 간다
무채색 낮달로 흐르고 흘러 온 길
구름에 막혀 눈물이 내릴 때마다
비틀대는 파도로 출렁 거려
쉼표가 절실할 때
몸이 기억하는 길이 열리고

단봇짐에 지남철 하나 챙겨
여물지 않은 허리춤에
코스모스 한 송이 쥐어 주시던 어머니
자석이 웅웅 끌어당기는
근원을 찾아간다

지금은 두 팔 벌려 안아 줄 어머니도
기다리마 손 흔들던 코스모스도 없지만
어머니 숨소리가 들려오는
누이와 막내가 오롯이 빗장 열고 있을
코 찔찔 철부지를 비바람에 세웠던
손톱 크기 초승달을 가슴에 넣고

저녁이면
자신을 찾으라던 그 바람

당신 잠드신 무덤 위에 띄울
반짝이는 우주 하나 얻어
돌아간다 안식처

겨울 초입

농익는 단풍에 시샘하는
발톱 숨긴 고양이로 다가온 바람
시퍼렇게 질린 늦가을 하늘
이른 새벽 창백한 서리로 주저앉으면

잎새에 써 내려간 이야기들이
가슴 시린 낙엽으로 구르다
책장 한 갈피에 꽂혀
되새김질하는 겨울 입구에 세운다

저울추의 계절 내려만 앉고
깊어가는 어둠만큼이나 사색은 피어나
형형색색 옷들을 입었다 벗기

실타래에 얽어 놓았던 인연들이
끈 떨어진 연에 실리면
잠을 잊은 그리움만
겨울 뜰에 하얀 순수로 내린다

그리움

삶이 가다가
비바람의 풀잎으로
쓰러질 때
손 내밀어 다독이던 사람

지금은 먼 먼 뒤안길로
걸어가
기억 속 시린 별로 뜨고
저문 해 뒤의 노을로 옵니다

계절과 관계없이 오는 그대는
창가를 지나 거실로 내려서
가만가만 그림자를 드리웁니다

삶은
눈보라에 묻혀 가도
예비가 되어 있나 봅니다
실체도 없이 곁을 지키는
이 그리움처럼

낙엽 연가

노래를 불러 다오
슬픔 아닌 희망의 노래
하늘은 푸른 보자기 한 껏 펼치고
지상은 칠채의 향연

툭
하고 그대 뒷자락에 있음을 알리는 것은
하마
가랑잎으로 굴러 영영 못 볼까 먹먹함이
눈물 콧물로 눈앞마저 가려
안녕
인사도 놓칠까 함이니

희망 깃든 연초록으로 태어나
세상 아우를 푸르름으로 보낸 여름
지금은 형형색색으로 노닐다 이별 향해 갈
꽃가마에 발을 얹고
에헤야 디야 콧노래를 흥얼거려

이별은 만남을 불러오는 것
허연 갈대 노신사
정중히 고개 숙여 언약하는 이 강변

잠자리 날개로 훨훨 날아 갈지니

그리움 봇물 지면 눈꽃으로
닦지 진 서러움 홀로 떼낼 그대를 보듬고
재회할 날에 깜짝 이벤트 입맞춤할까
행복 고민

소소리 바람* 불어
잎눈으로 곁에 서는 그날에
서로 키를 맞추고 언덕에 앉아
잔잔히 물감 푼 하늘 보면

가슴에 뿌리내린 사랑
아침 이슬에 영롱하게 반짝일 터

---

* 소소리 바람: 이른 봄에 부는 차고 매서운 바람

낮달

어쩌다가 아기는
나들이에 엄마 손을 놓쳤나
따가운 햇빛 가득한 하늘을 떠돈다

새벽 풀 숲 이슬에
훌쩍이는 아기
바람의 수소문이 엄마를 부르고

초저녁 동녘
찬란한 손톱으로 빛난다

우리들이 놓아 버린 아이는
계절이 다 지나도 얼음 벌판 사시나무
다가와 보듬어 줄 누구도 없네

언제쯤
무지개 칠 채 중 하나를 만나
햇살 아래 꽃으로 웃나

금빛 발 딛는 만월
응원의 노래가
휑한 바람 재우며 조용조용 화톳불로 다가간다

눈높이

꽃이 피고 짐이 쳇바퀴로 도는 사계
어떤 아름다움이 좋을까
얼음장 밑에서 아지랑이 안에서
틔우는 새싹

눈 가리는 비바람 훅훅 뿜는 뜨거움
받아들인 크기로
밉든 곱든 거두는 열매

저장고에 쌓여가는
적고 많은
다른 눈높이

스침의 생채기 늘어난 수만큼
심장에 상처로 남으면 펼쳐지는
건너면 오지 못 할 강

조금씩 덜고 더하면
별마루에 앉은 우린
그친 비 뒤 아롱아롱 칠채

막둥이

이름마저 정겨운 말
맨 끝 형제라
응석 많고 어리광 쟁이라는 통념 부순
의젓한 무게로 다가오는 건

마을을 지키는 수호신
물푸레의 우직함과 한결같은 모습이
모두 떠난 고향집을
제 누나와 말없이 보살핌이 같은 이유

어머니 숨결과 손길이
낙락장송 솔향으로 부르면
돌아가 그 품에 누울 수 있는
언제나 마음 활짝 걸어 놓는 녀석

가끔
면벽 수행 몇 년인지
툭툭 던지는 화두는 선문답
대꾸할 고민거릴 건네지만

나이 들먹이면
세월 같이 먹는 세대라 어깨 높이다가

끝 마무린 막내라 응석 아닌 애교 한 점
껄껄 숨어버린 웃음 찾아 안기고

타향살이 고단한 일상에
단비로 딛고 일어 설
고향을 선물하는 막둥이
인생의 물푸레
내 안의 산소탱크

별리別離

그대가 나를 모르듯
그대를 알지 못하네
가노란 한마디 없이
전생의 덮개만큼 흐린 모습만 가득할 뿐

뒤척이다 잠이 들면
청실홍실 풀어진 실타래
달빛에 반짝이고

코스모스 석양에 한들대면
나뭇잎에 노닐다
눈물로 태웠던 그리움 자라
그렁그렁 맺힌 수정

사락사락 불꽃으로 살아나
폭풍에 버들가지로 비틀대고
그대 같은 타인 하나 보내는 오늘

그대인 듯 아닌 듯 잠시 머물다
늪에 가둔 날들에 어는 비로 내려
이제는
벗으려네 족쇄의 굴레

몇 겁 세월 후
멀어져 간 서쪽 하늘 타는 황혼
눈에 박힌 은하에 그대 화석으로 빛나면
청사초롱 연리지에 걸으려네

둔치 사랑채

그대들이
선득선득 바람 설렘으로 다가오고
우리들이 구름 펼쳐 손수건을 흔든 대도
만남과 헤어짐이 아쉬움 만이랴

둔치 사랑채
순환의 고리 문이 열리면
코스모스 소취 갈대 개망초
덕담 녹인 탁주에 온 방안이 흥타령이다
마주 보는 얼굴엔 붉은 꽃이 피고
냇물 걸은 이별 잔에
재회의 기대가 보글보글 끓는다

사람들은 아침해로 떠났다
석양을 지고 돌아오고
그대들과 우린
안개로 젖어들고 노을에 실려 간다

이 밤 두런두런 정담이
기다릴 탁주 익는 사랑채와
늦도록 잠 못 드는 노 시인의
한 줄 시로 기억되면 그뿐

산다는 건

어렵다
어린 눈망울이 받아들이기 시작한
철 따라 변해가는 계절이
티끌 한 점 없는 순수로 인화되어
시름도 근심이란 말도 모른 체
덥다, 춥다, 슬프다, 아름답다 얼굴에 그렸었는데

참 어렵다
젊은 날 세상과 부대끼며
눈에 덧씌워지는 검은 안경
갈피 잃은 헛발질

그래도
해와 달이 수십 번 뒷모습 보인 후에
똬리 튼 먹구름, 비바람의 이리떼는 꽁무니
볼 수 없을 것 같은 여명은
어둠을 사르며 온다는 것

삶, 산다는 건
새벽이 깊어도 아침이 오듯
농부가 떨어뜨린 낟개의 눈물이
황금으로 열리는
황홀하게 채색되는 들판에 서 보면 안다

어디로 가나

길을 묻는다
매번 떠나는 길이지만
언제나 도착하는 건
다시 그 자리

간 밤 풀벌레 소리 요란 터니
아침에도 목놓아 가을을 부른다
한 무리 잠자리 떼 허공을 맴돌고
말복 지나도 당당한 더위
숨어있던 열기 버선발로 포옹한다

나른한 열감
배시시 눈매의 배롱은 한창인데
삼단 윤기로 웃던 장미
세월을 접으려 하고

한 둘씩 앞서가고 비껴가는 사람들
갈 길 바쁜데
목적 없이 앞으로 간다

가끔 흐르는 물길
석양을 보며 길을 물어도

묵묵부답
번민 마주하는 하루하루
도전하는 출발선은 안갯속

세상 속도에 뒤쳐진 헐떡임이
상념 하나
주머니에 넣어 줄 뿐

오늘도 찾으려
길을 밟는다

이른 추석

여름을 내주기에는
아직은 아니란다
푸른 융단 군복으로 정열 한 산야는
지키겠노라 엄포가 하늘을 찌른다

가파른 성묘길 차지한 잡풀
가세한 덤불은 유격대 옷깃을 잡아 챈다

갸웃 내민 밤 톨 몇 알
가을 전령 내세워 마주한 산소
수문장 태양이 부리부리 격한 눈빛 건넨다

산천에 고告 하고
한가득 정성 올리는 차례상
잘 지내셨는지 안부에 답하는 향불
목 축이시라 드리는 술 한잔
바람에 실린 죄송함이 얹혀
우린 한동안 말을 잊었다

부대끼지 않는다고 천륜이 잊히랴
눈물 꾹꾹 발자국에 떨구는 작별의 등 뒤로
서운함 몇 개 따라오다 되돌아간다

올 추석은
어머님 숨결이 가꾼 단풍도 열매도
건네받을 수 없는 빈 손
너무 이른 명절이다

이별 과외

떠나자
인생의 궁금증이 난제의 턱밑 가시로 걸릴 때
삶과 죽음의 고리 뫼비우스 띠*로
여기저기 실마리가 널브러진 가을로

예고 없이 떨어지는 풋감으로 맞고 보낸 이별들은
천둥과 먹구름 쌓인 폭우로 내려
가슴에 패인 고랑을 들추면 아릿한 선혈
서리 앉는 나이에도 시큰한 떨떠름

가을 바다에
백발 갈대 떠날 때를 알아 북쪽으로 머리 숙이고
기척 없이 다가와 등에 살포시 얹는 손
누구일까 돌아보면 떠나는 가랑잎 하나
잘 놀다 가네
석양 품은 얼굴로 누우면
구름 되어 흘러가는 울고 웃던 지난날
수도자 합장으로 먼산 바라보는 나무
줄달음질 질풍노도 바람
흐트러진 매무새 추스르며 숨죽여

---
* 뫼비우스의 띠: ・몇 번의 반복되는 일상을 만나는 순간
　　　　　　　・안과 밖의 구분이 없는 띠로 무한히 반복되어
　　　　　　　　일어나는 과정

만남과 이별은 정해져
받아들이지 못하는 도리질도
지울 수 없는 낙인도 그만
조용조용 떠나는 뒷모습에 손 흔들고

아직도 많은 날이 파노라마로 스칠 순간에
마지막 편지에 미숙하게 썼던 답장보다
더 많은 헤어짐이 도착할 때
어린아이 서툰 몸짓을 지운
담금주 어우러진 맛으로 맞으라 하네

가로지르는 시선에
눈물 콧물 찌꺼기 걸러낸
소나무 대나무 둘러싸인
만추의 가장 화려한 별리가
불꽃탄으로 산개한다

자화상

안녕하세요
하루 한 번쯤은 마주치는
풀들에게 건넨다
누구세요
모른다 손을 흔든다

안녕하세요
물에게 인사하면
처음 본다는 듯 줄달음질

하늘, 바람, 별
살면서 셀 수 없이 부딪쳐온 이들인데
하나 같이 도리 도리

가만
낯설어 기억 못 하나
거울 속 모습 박아 명함을 돌려야지

어라
거울 안이 텅 비었네

슬픔과 동행한 길가

아장 이는 어린아이

사탕주며 건네는 화폭
열심히 몽당연필이 오고 가고
쥐어 준 그림

동그란 윤곽, 눈은 해를 갖다 넣고
눈썹은 강아지 풀, 코와 입은 ㅗ
귀는 놀러 갔나 봐

그림 안으로 반갑다
노을이 껄껄 웃으며 말을 건넨다

저무는 창가에서

참 우습지
사물이 본질로 빛났다 스러지는
내 안의 우주도 다를 바 없으니

하늘로 날아오르는 날개를 달기 위해
얼음장을 화사한 꽃으로 피워야 했고

푸르디푸른 풍경을 만들고자
지치도록 삽질하고 호미로 매어

잉태된 세월의 흔적을 찾아내어
예쁜 석양으로 빚어야 할 때

지금은
머뭇대며 흘러가는 구름
시린 날의 서리 동백
선혈로 다가오는 황혼이
곰삭지 못해 체에 찌꺼기로 남아
삭히는 작업 중

저무는 눈 내리는 창가에
세월이, 삶의 궤적이 순화된 선명한 그림으로

채색되고
소 우주는 그렇게 완성되는 것

청소

아! 오늘은 금요일
창이란 창은 활짝 현관도 오래간만에 열어야지
거사를 치러야 하니까

방과 거실 건넌방 쑥쑥 썩썩
욕실과 창문도 손이 닿는 대로
들리는 누님 잔소린 양념

기분 탓일 게다
내부가 새집처럼 새로우니
내 마음일 뿐
호랑이 누님이 보신다면
잔소리가 한 바구니 "청소하며 살아"
방금 끝냈는데

초등학교 시절 소 도시로 유학 온 삼 남매
월세 살이 단칸방
토요일은 단칸방이 뒤 잡히는 날
짐이 몇 개라고 이리저리 옮기느라 끙끙
쌓느라 낑낑 이리 쓱쓱 저리 싹싹
6학년 누님 해가 한 나절 방안 기름칠
히야! 쪼그만 방이 빛보다 환하네

뜰에 무리 지어 피는
밤 톨만 한 들국화 한 움큼
간장 단지에 꽂으면
삼 남매 얼굴 피는 노랑 하양 보라 빨강
뒷동산 만월은 호호 헤헤

구름이 흐르는 건 그때와 같은데
뜰에 피어 방긋 웃던
들국화에 실려간 시절
기억에만 피고 지누나

침묵

틀에 갇혀
끌려온 개로 울부짖은
놓아버린 시간이
도둑처럼 다가온 물이 육신을 밟고서야
제자리로 찾아와

오늘인지 내일인지
사계가 지났는지 몇 년이 흘렀는지
볼 수도 만질 수도 느낄 수도 없네

그물에 걸려
비늘 너덜대는 물고기
좁은 공간 속 어둠으로 몸을 가두고
유리有離 된 세상으로 떠나게 해

지금
뱀허물로 길게 누운 침묵을 불러들이는 건
목이 터져 한마디 뱉지 못하는 우리 갇힌 짐승일까
칠흑 저편 빛과 색, 바람이 공존하는 대답 없는 이상향일까

풋내 흐르는 고행승은
둘러쳐진 암벽 앞에 앉아 엇박자 가사를 두르고
부처의 뜻을 되짚어간다

태풍이 흐느낀다

놓친 인연의 끈 밤마다 조금씩 자라
끊어진 연줄이 보일 듯 말 듯
하늘대며 손짓하면

가슴 웅크린 늪이 터져
비가 되고 냇물이 되고 펄펄 끓는 바다로 흘러
깊디깊은 곳에 연어로 노닐다 본능이 고개 들면
구름이 선물한 눈을 달고
바람이 내어 주는 길을 숨 가쁘게 쫓았을 뿐

태풍이라 불린 들 어떠랴
부름이 깊고 깊어
가로막는 모든 것들은
물속에 가두고 산은 깎아내려
무수히 내걸리는 원망의 깃대

몇 날 며칠 집집마다 기웃대며 두드려도
빗장은 더욱 단단해진 천덕꾸러기
불 꺼진 창문 앞에 웅크려 흐느낀다

맨발로 달려와 입맞춤할 그대는
어느 뒤뜰 아래 가을꽃으로 묶였나

하루

주저 없이 아침이 문을 열어젖히면
초대장 없는 햇살이 기침도 없이 걸어온다

도심에 산사를 열었다고 나무라지 마시길
번잡한 세속이 면벽으로 이끌면
고즈넉이란 녀석 달에 그네를 메고

세상과 담을 사이에 두지는 않네
카톡으로 적은 친구나마 안부 띄우고
바람이 보고프면 천변에 나가
풀잎에, 나뭇잎에 살랑이면
물 먹고 물 마시고 팔을 베고 누운
창부타령 절로인 걸

가끔씩
어머님이 들려준 선물 꾸러미 풀면
막내의 묵직함, 누이의 잔잔한 미소
엄마 보살핌 같은 누나가 톡톡 튀어나와
오래전 꺼진 화톳불 일어
구들방에 번지는 아늑함

언어와 숨바꼭질 지치는 날엔

오래전에 꽃대를 갈무리 한 형제들에 뒤쳐져
하얀 얼굴 내미는 막둥이 옥잠화
여린 응원에 내일 다시 술래잡기

황혼이 어둠을 부르는 산사의 하루는
꿈길 향해 간다

모두 비움으로 돌려도

어떻게 알았을까
긴 어둠 찾아오고 있음을

어느 해 보다 먼저 봄이 열리고
서두르는 벚꽃
화르륵 한꺼번에 피우고
쫓겨가며 눈물로 떨구는 꽃잎

어디서부터 시작 됐는지는
화려하다 못해 찬란히
이산 저선 피어나는 불꽃 앞에선
의미 없는 물음

고이고이 겨우내 키워온 바람들이
한 줌 재로 돌아가고
조각조각 흩어진 꿈
아득한 곳에 떠돌다 불비로 내린다

차곡차곡 쌓여가던 세월이
지층 한편에 내려앉으면
지상은 태초의 비움

시간 지나
입 틀어막고 숨죽였던 빛과 물, 바람이
불러오는 생명의 씨앗
다시 시작되는 채움의 노동

머리띠 질끈 동여맨 개미들
대지를 깨우고
철벽 방어선 바위를 뚫고 뻗어가는 뿌리
빗물이 달려와 길을 인도한다

해와 달 응원에 올라오는 여린 줄기
앞날은 묻지 않아도 젖 먹던 힘까지 보태면
비로소 열리는 문

이별 뒤의 만남은
길고 긴 터널 지나 햇귀[*] 아래 드러나는
가슴 시린 아름다움

---

[*]   햇귀: 사방으로 뻗는 햇살

봄비

아침에게
꽃단장 늦춰달라 부탁하고
숨긴 눈물 꺼내 그대를 맞는다

지난밤
볼우물에 사연 담고 찾아와
별눈 깜박이다 여명 따라 간 사람

잠깐 하늘 가리고
못다 한 말
들려주러 봄비는 내려

사박사박 귓가에 속삭이는
그리웠다
지붕에 꽃밭에 포옹하고
수줍게 두드리는 창가

잡지 못해 허우적 대는 꿈 놓을까
깨우지 못하고
흔적만 남기고 다시 또 떠나가

남 모르게 머물다가는
발걸음에 꽃이 핀다

당신과의 사이는
춘몽에서나 만날 거리

시선 닿는 어디나
꿈에서 나와 소곤대며
살포시 웃음 짓는 사랑아

제3부
존재의 이유

건강 아차상

고맙다 세상아
상을 준다니

운무가 가려 길은 숨고
붙잡는 돌부리에 넘어지고
어렴풋이 내보이는 산세
몰아오는 성난 파도 이겨냈다
병원에서 수여하는
건강 아차상, 번외상

잔물결이 침습해
수 틀 이곳저곳 번지는 얼룩
부상으로 받은 처방전
마음에 품는다

감사하게도 눈을 뜨면
아침은 화사하게 웃으며 어서 가자 한다
부상품 대로 간다면
순위에 들거라 힘실린 박수

숨으려는 햇볕 한 뼘 더 보고
오가는 이웃들 눈 마주치고

두런대는 말소린 덤
너무 맛있다

달아나는 걸음 쫓다 버거우면
소리 감춘 냇물과 눈빛 건네주고 받기

그래
이승은 이 맛이다
살냄새 달라붙는 땀 내음
코 끝이 벌렁 인다
헐떡이는 가슴으로
바람이 춥다 안아 달란다

조금만, 조금만 더
처방전 닳도록 시간이 가면
손에 잡힐 건강 격려상

오늘도 처방전 옆구리 동여매고
깃 뽑힌 오리 한 마리
뒤뚱뒤뚱 길 위에 선다

겨울 뜰

뜬구름 쫓을까
어둠 물리면서도 고요한 별을 담을까
갈피 잃어 뒤척이는 밤
초침 째깍째깍 헛기침
거기 가면 얻을 수 있다기에

나락도 없는 무저갱에 갇혀 신음하는
말라가는 꽃 한 송이
반딧불이 등을 빌려 뜰에 내린다

삽 한 자루 돌무더기 고르고
얼기설기 짚을 엮어
움막치고 누이는 지친 몸

햇볕 꺾어 화병에 꽂아주고
타는 목 계곡물 양손 받쳐 어루만지면

열리는 눈부신 세상
맑은 하늘이 들어와 앉아
끌림 따라 나폴대는 나비의 흥 오른 춤사위

수정에 담아 옮겨 놓은 꿈

너는 시름시름
풍겨오는 시궁창의 역겨움
아직도 벗어내지 못한 남루가
물들게 했네

얄궂은 삽에 들려
네 눈이 부르는 비에 젖어 멀어지면
마주치기 두려워
반쯤 연 창문 비껴 앉기

멀었다
성난 눈보라
여백으로 남기는 뜰의 겨울

겨울 연가

어느 날부터 자리 잡은
어두운 욕망
처음 만난 눈빛도 마음도
바람 따라 들랑날랑 흔들려

둘이 쌓아온 성을 부수어
몇 겹 장막 뒤로 내몰아
그림자도 그릴 수 없네

그대 찾아 나선 길
냉기 뿌리는 맞바람 눈보라
뒤쳐지는 걸음보다
배낭 멘 조급함이 먼저 가

언 손으로 주워 담는 너의
묻힌 발자국
바람결에 숨어든 입김
눈꽃에 아롱이는 눈망울

냉동고에 재운 석양을 깨워
조각들 눈물 섞인 그리움 이어
화롯불 지피면

밤하늘 펼쳐지는 오색 커튼

함박눈 기워 이불 삼은
우리 겨울은
익어 가는 해를 품은 붉은 달
너와 나의 볼은 곰삭은 홍시 두쪽

겨울 풍경

어쩌자고 만추는
시무룩한 계절에 세우고 돌아서나
숨차게 올 사람도
그리움 둘러 보낸 이도 없는데

잡히지 않는 늦가을은 쫓기듯
인사도 없이 걸어 가

옷소매 놓쳐버린
앙 다문 입술에 이는 경련
떨리는 몸 움츠리며
녹아드는 미완성 그림 속 나목

떠난 자리 흘리고 간 한숨
송이송이 표백되어 내리면
화폭에 만개하는 백합들
가는 자와 붙박인 나
흔적마저 가둬

겨울은 빈 들
찬 바람만 덩그러니
서러워, 서러워서 울고 있어

그리움 Ⅱ

'그리움' 이란 언어의 애틋함에 꽂혔나
가슴 깊이 절절해서 불러내나

떨치고 소매 깃 날리며
풀잎피리 유유자적 가버린 사람

이별의 아쉬움은 오롯이 혼자
보고픔은 한쪽 없는 절름발이 젓가락

가노라 오노라
노을 밟히는 꿈결
환청조차 들을 수 없는데

늪배

기지개 켠 늪이 토해내는 안개
어슴프레 드러나는
사물들을 더듬고 하늘을 열면
쏟아져 내리는 은구슬
물 위는 빛들의 놀이터

티끌 하나 없는 빈 마음 고프다
칭얼대며 꿈나라 마실 간
갈대를 깨워 길을 나선다

쉼 없이 갈대는 고사리 노를 저어도
타는 사람 없고
다투어 뿜어내는 잎들의 숨소리, 무시로 드나드는 새,
산 넘는 해일 바람 승선하고 내려

반가움 혹은 설렘, 동행자로 다가온
형상들이 떠나며 챙기지 못한
가슴속 찌그러진 심상
하릴없이 늪에 부린다

문득 돌아보니 떠나온 길 거기서 거기
한 귀퉁이 세월 앗아간 배 뱅뱅 맴만

구름은 늪지 속 서리로 일어서고
무지개 뿌리 쫓다 지친 갑판에
어는 비 쪼그려 푸는 냉기

이 밤도 아가가 경기驚氣할까
대숲 가장 낮은음으로 깔아 주는 자장가
엄마가 업고 뒤뚱뒤뚱 찾아가는 아이들 세상

두 얼굴

세상은 영과 일의 이분법
중간은 의미 없는 대척점

모 아니면 도
탄생 아니면 소멸
자잘한 것은 버리고 목적만 남아

미소로 다가오는 당신은
이분법 뒤에 가려진
참과 거짓
두 얼굴 중 어느 하나?

마음 비우기

햇볕 따사로운 맑은 날

구름이 슬프다 찌푸린 얼굴
눈물 질질 뿌리며 가고
부어 터진 화 난 바람
가지 꺾으며 달아나

붙박이가 싫어 기지개 켜고프다
토라진 세상
바다가 불러온 풍랑
육지를 해일로 사납게 덮으려 하지만

까닭도 맞지 않는 표정
흔들림도 모르는 평안
그 고요

노을과 어둠 끝에 만나는
그린 대로 다가오고 떠나가는 가면 뒤
끼인 먼지 씻어 낸 순혈의 심장

만추晚秋

잎 물들면 데리러 오마 왜 했을까
벚꽃 흐드러진 강변에서
자운영 풀꽃반지 끼워주며

푸른 잎에 새긴 언약
바람 불면 속삭이는데

불 덴 가을은
뒷모습만 남기고 멀어져 가
단풍 타고 날아올라
서쪽 하늘 검 붉게 사르는 지친 그리움

발아래 만추晚秋는
빛바랜 언어들
어둠이 놀 날까 살포시 내려놓는데

벽

들려줄래요 그대 마음
온도계 폭발시키는 활화산, 아님
냉각되어 켜켜이 재워진 빙산

공부가 모자라 시험에는 과락
눈치는 젬병

입만 앙 다물면
앉은자리 가시 방석

아직도
아는 만큼 열리는 마음보다
보는 만큼 아는
우물 갇힌 개구리

그대가 친 벽
끊임없이 잔물결로 두드리면
낮아지는 해안가
모래는 물살에 금빛으로 반짝이며 노래하겠네

사랑, 그만

몰랐다
꿈으로 부풀던 풍선이 어느 순간
바람 빠진 빈 껍질의 허전함
상실은 갈증과 오한을 동반해
손등에 온기 나눌 허상 쫓았던 일들이
가슴 귀퉁이에 씨로 뿌려지고 움이 터
그대라는 흑장미 한 송이 피우고 있음을

그대 잠든 밤이면
가장 푸른 리겔* 따다 등롱 밝히고
더욱 붉어지는 선홍에
안식처 찾은 영혼이 떨어져 내려
깊어가는 한 밤의 지킴이

말도 없이 그대는 가버려
텅 빈자리 몰려드는 폭풍우
거친 숨을 토하면
파도는 몰아쳐 시도 때도 없이
생채기만 새기고 달아나

만남은 어긋나고 뒤틀려

―――――――
* 리겔: 오리온자리 가장 푸른 별 이름

시간의 간격마저 흐릿해
멋대로인 그대는 지워지지 않는 멍

사립문 새끼줄로 옴치고
가시 돋친 탱자나무 울타리 둘러
다시는
오락가락 그대를 붙잡지 않으면
시끄러운 바다는 잠잠하리라

별

마음이 추위에 알몸으로 떨 땐
몸이 기억하는 봄바람
아지랑이 솔솔
언 땅 녹이는 고운 햇살

마음이 시려 떨 땐
하늘로 띄운 반짝이는 동심
삭풍도 노을도 지워버린
겨울 저녁 하얗게 떨어져 내려
스산한 풍경 채우는 해맑은 웃음

마음이 고독에 떨 땐
이른 새벽
비단 도포 두르고 저벅저벅
난롯불 입김으로 오는 낭군

활활 정열로 태우는 용광로
마음이 서러워 서러워서 떠는
보듬어 심장에 지피는 불

어느 모퉁이에 묶였나
구름 가지 걸터앉아
지쳐 깜빡이는 그대 눈

새 날엔

꽃단장하고 정화수 떠놓으셨죠
적토마 탄 새 날 아침을 열기 전

햇살 내려오면 받을
세월 담금질 한 그림틀
순수 끓어 화폭 엮고
체에 밭쳐 삭인 연필도

운무와 해무에 가려져
완성되던 채색화
좀 갉아먹힌 수묵화 그 흐릿함

새 날엔
지우개도 준비하세요
번져가는 얼룩 지울 부록

변하지 않는 것은 없다 해도
가슴만은 부대낌 거른 초심을 기억해요

우리가 건너는 겨울은
봄꽃보다 찬란한 단풍잎
갈피에 누워 책장 넘기는 손끝에
곳간 쟁인 지난날 한 움큼 쥐어 주는 것

섞기

무지개 닮은 칠채 동공에 펼치고
해와 달, 먹구름, 칠흑 품은 공간
어느 색으로 그려야 할지

빛이 환해 밝은 노랑
그 빛 가리는 검정
이것도 저것도 뭉뚱그릴 초록

자연 빛깔 빌려 쓰면
번민은 푸른 하늘

만남도 헤어짐도 서로에게 빚진 세상
가슴이 섞어 빚어낼 짐 꾸려 떠나는
종착지 아득한 여정

세월

어디로 가느냐 궁금하면
가는 듯 마는 듯
시야 벗어나는 구름을 보게

본디
온 곳 모르거늘
가는 데 또한 알랴

바람이 찾으면 소맷자락 날려주고
매미도 타는 더위 숨죽이면
개천에 앉아 식히는 발

매임 떨쳐버린
유유자적이 친구인 걸

십이월의 눈

약속은 왜 했나

삶 굴곡진 고개마다
한 조각씩 떼어 저당 잡힌
울고 있는 유년의 순수
눈꽃에 실어 보내준다 해놓고

세월의 끝자락
너 오는 길목에 저린 다리 주무르지만
잿빛 도시 훑고 지나는 삭풍 홀로
애꿎은 나목만 흔들고 있어

눌린 가위로 다가오는
찢긴 실루엣
때에 절은 몸뚱이 밤마다 바라보는
슬픈 눈망울

정화수 떠놓고 솟대에 홍시 걸면
까치 날개 타고
송이송이 함박미소 순수는
찾아오려나

오늘도 무사히

달리는 버스 안에 걸렸던
두 손 모은 소녀의 간절한 기도
'오늘도 무사히'

언제나 우린
제우스 새털구름에 매듭으로 묶어놓은 번개
삭아져 천둥도 없이 발걸음에 떨어지는 불바다
험한 세상 팽개쳐져
자유의지 상실한 나약한 짐승

다시 한번 하늘에 거는 주술
'오늘 하루도
대장장이 헤파이스토스 리겔별 따다
용광로에 벼린 창날 비껴가기'

사건의 지평선에서
마지막 걸음 멈추고
한 걸음 뒤로 물러서기

위로

우리는 압니다
석양이 다시 못 올 것 같은 서글픔에
선홍의 황혼으로 스러져 가도
어둠을 밟고 오는 새벽이 하루를 열고
맑은 단장 수줍은 해가 꽃길로 온다는 것을

지금 버겁게 다가와
질식하도록 내뿜는
이 고통
입술 터지게 악물면
우리에겐 희망이라는 작은 안식처
기다리고 있음을

황량한 늦가을 꽁무니 바람을 타고
절망이란 놈 그대 여린 바다에 소용돌이쳐와
잠시 가져보는 위안도 삼켜

풀잎 엮은 작은 배 띄워
뜰채로 낚아 낸 자리 어린 산호 뿌려 자라고
풀어놓은 형형색색 물고기 노닐다
수면 차오르는 무지갯빛 황홀함으로
상처 보듬어 한숨 돌릴 수 있는
어부가 나였으면 좋겠습니다

잡초

온다는 말도 허락도 없는
불청객으로 스며들어

예쁨 한가득 꽃보다 먼저
제 갈길 바쁘다 선점하는 살림집

시집살이 고달프다 쏟는 눈물
설움 이겨내는 살림 밑천

쫓기고 쫓겨가도 이루는 일가
살아냈다 어린 자식 씨 한 톨

손가락질 세월에
뽑힌 목숨 누렇게 식어가는
얼굴에 돋는 밝은 햇살

존재의 이유

오늘도 박쥐로 슬며시 날아들어
지켜보는 새벽에 이끌려 자물쇠로 잠갔던
눈의 빗장을 풉니다

간밤 씨름하던 헝클어진 실타래
한 꺼풀 두께를 얹고 주저앉아
두 손 도움에 눈부신 빛살 앞에 서고

짓누르던 삶의 무게 꼬리 말았다고
내동댕이 쳤던 웃음
한들대는 바람 따라
세상 구경 나섰지요

보이는 모든 것들
저 홀로 내리는 밤에 비치고 다가오고 떠나갑니다
삶의 의미를 찾지 않는 하루하루
맑은 바람이 붑니다

나무의 존재 이유
재잘대며 순환의 고리 따라가는 시냇물
해와 달, 별이 보석으로 다가올 줄
마음 가는 대로 옷 입는다는 걸

눈 감았지요

계절이 구름으로 가고 오며 눈짓하고
빛이 사물을 곁에 세워
오감을 열어 속삭입니다
눈 감고 귀 기울이면
소곤대는 언어들
저마다의 이유로 분주하다 땀을 흘리네요

뒤통수 맞은 아픔이 서러움을 부릅니다
덜어 낸 무게만큼 빈가슴
다른 무게 찾아
얹히는 세월과 어깨동무하렵니다

저무는 해 마지막 빛살을 받으며
손 끝에 걸린 겨울 앞에서
생의 뒤안길에 버티고 있을 숙제
건네고 받았던 이야기 풀어
담아 둘 가방 챙깁니다

세월 가면 황혼이 빛을 뿌리고
잠시 반딧불이었던 흔적
어둠이 보듬겠지요

저 바람은

굽이치는 산줄기
운무 끌어모은 초록 파도
육지를 밀어내 바다에 다다르면

짓눌린 무게 갖다 버렸던
이야기 깨어나
부서진 포말로 흩어져
뭍에 오른다

지금 고추바람 한가운데
덕지진 눈도, 귀도, 흰 이불도
쥐불놀이 화려한 불꽃으로 보내버려

계절은 쉬었다 가라
걸어온 발자국, 어둠 지운 빈 가슴
한 뼘씩 한 뼘씩 다시 채우는 빛

이제 돌아서야 할 때
어름장에 숨죽였던 물 심호흡 눈짓하면
샛바람은 데려가리라
새 삶이 기다리며 미소 짓는 봄날로

참 예쁘다

새들은 참 예쁘다
너도, 당신도, 그대도
너무 사랑스럽다

가지를 떠나 바람 따라
구름에 둥지 틀고
별을 따다 가슴 채우는

나로부터 시작되는
낙엽에 얹어 보낸 그리움
네 둥지 위에 나부끼면

지친 날갯짓 다듬어
북극성 향하는 긴 여정

너로 인해
가슴이 뛰고
네 곁에 꿈길로 가는
안개꽃 무리 지어 깔리는 밤

희망 보험

눈 감았다 뜨면
낯선 얼굴, 낯선 거리
햇볕조차 변해 버린
이방인이 선 낯선 나라

연필 쥔 고사리 손
한 커플 한 커플 입어가며 그려 온 삶
따사로운 빛살 아래 꽃분홍이
아지랑이 사이 꽃길 따라 나폴 댄
찰나에 피고 찰나에 진 세상

하늘이 들어준 숨통 씨앗 보험
흙이 틔우고 동심 먹고 자라
간절함이 부를 때면 아스라한 곳에서
한 걸음씩 다가서

욕심과 욕망의 어둠이 철책 두르면
가려진 출구 여는 등
안에 타오르는 희망이라는 불꽃
겹겹일 땐 용광로 거센 불길

갉아먹힌 순수는 보험료

복구 시 면제되는 수수료
보상으로 지급받는
되찾은 찰나에 피고 진 세상

하늘이 예비한 세월 끝 노을 고운 저녁
살아있어 행복한 눈물
다가와 살포시 어깨 토닥이는 황혼

분갈이한 후에

미련 아직도 남았나
방 한 구석 서성이는 겨울
가슴 찾아드는 한기
거실도 볕이 비껴 가
풀 죽은 화초
아침마다 애처롭게 바라보고 있어

밖은 춘삼월
봄소식 분주히 뛰어다녀
여기저기 열리는 꽃눈
벚꽃은 벌써
첫 만남의 설렘 폭 죽 팡팡 터트리면
한 커플 내던진 화사한 표정들
쌍쌍이 건들 대는데

꽃그늘 아래 새초롬한
어린 봄 하나 이끌어
넓은 자리 만들고
반가움 서너 되
소망 대여섯 삽 꼭꼭 다져 붙들면
텃세 없이 보듬는 대견한 형아들

오랜만에 인사하는 햇살
분주한 아침 의자에 앉아 쉬고 있네

침묵 냇물 지던 창가 안
소곤대는 녀석들
웃음 삐져나오는

한가로운 오후
빈 잔 체취 가득 채운 봄
건네는 달콤한 꽃물
달디 단 단잠 드는 봄날

약속이 노을 뒤로 숨을 때

신산*한 날들에
청량한 민트향으로 그대가 온다는 날
구름에 얹힌 설렘
계절의 절정을 향해가는
푸른 가지 끝에 앉아
살갑게 불어오는 미풍에 한들댔지요

그대는 아니 오고
어둠이 다가와 날개를 접네요
이슬 맺힌 눈짓 노을 뒤로 떠납니다
소소리바람** 스쳐 갑니다

밖은 초여름 푸르름 짙어만 가는데
마음은 늦가을
가지에 달린 잎 하나
갈색으로 윤기를 앗겨 낙화합니다

삶이란 나무에
인연이란 가지는 시도 때도 없이 솟아나
약속이란 잎들이 돋았다 지고 또 돋아납니다

---
*   신산하다 : 세상살이가 힘들고 고생스럽다
**   소소리바람: 이른 봄에 살 속으로 스며드는 듯한 차고 매서운 바람

그대 가지에 달린 약속들은
볕뉘*에도 능금 빨간 볼로 익어가고 있나요

나무 밑에 소슬**하게 널브러진 미련은
시간이 지나 냄새가 집을 지었는지
청소부 장대비도 비껴가
하릴없이 낮은 곳에서 서성입니다

---

*   볕뉘 : 작은 틈을 통하여 잠시 비치는 햇볕
**   소슬하다: 으스스하고 쓸쓸하다

제4부
그대가 반길 때

가노라면

불면이 붙드는 밤
이 생각 저 생각 곁가지 꺾어 놓고
비인 하늘 훨훨 날아가노라면

지친 날개 구름에 잠시 얹고
산 넘고 물 건너 흐르노라면

끊일 듯 이어지는 내음
노을 뒤에 숨은
그대 곁에 닿겠네

꽃잎에 쉬고 바람에 눕고
헝클어진 머리칼
달빛으로 빗어

운명 끝에 마주한 인연
찰나가 부른 엇갈림
이으러 가노라네

햇살 목욕하는 어느 연못 가
노을 따라 내려와
가슴 여밀
천리향의 아름다운 사람아

고마워요 사막 여신

긴 한숨 훔쳐주는
고마워요 이 마음
어떻게 말로 해요

작렬하는 태양
구름 불러 막아주고
타는 목 아침 이슬 맺어
축여주고
살갗 찢는 바람 어차피 올 거면
생채기로 와달라 부탁하네요

극한까지 내몰리면서도
생명 품어 살게 하고
떠난 님 찾다 허덕이면
은밀한 속살 오아시스 내어 주고
절망이란 놈 앞에
띄우는 신기루
희망은 갈구하는 이에게 온다는

당신 우물 속 헤아림
별로 뜹니다
먹구름이 막아서도 올 님 다가오듯
빛은 어둠이 깊을수록 영롱합니다

그 녀석 가고 나면

벗어 버리자 털어 내 자고
들어서는 봄날 초입

햇살 향해 고개 드는
아가 연두 맑은 눈
나비 날아오기 전
찬 바람, 그 녀석 훑고 지나네

겨울 외투 입혀 주고
숨결 불어넣어
그대 둘러업고
빛을 향해 헤쳐가면

실안개 언덕 넘어
소풍 오듯 다가오는
오색천 고운 풍경
손짓 따라 미소 따라 열리는
구름 갠 푸른 하늘

노닐다 쌔근대는 머리맡 너머
노을 그네 타는
님 함박웃음

그대가 꾸는 꿈

그대가 붙든 건 꿈속 풍경
잡을 수 없는 신기루
네가 울면
바라보는 눈에 다가서는
어쩌지 못할 천길 슬픔

그대 고운 얼굴 얼룩지면
전이된 마음에 패이는 고랑
깊이도 가늠 어려운 심연의 바다

하루하루 걸어간다는 게
고삐 매인 소
뜻도 기대도 어긋난
눈보라 숨긴 칼바람에 세워

잠시잠시 훈풍 불어오면
막힌 숨통 여는
늘 햇살 내려앉는 불러오는 세상

그대 눈에 품는
배경으로 녹아들어
그 모습 빛나게 할
웃음 가득 꽃이 고픈 마음

그대가 반길 때

사방을 둘러보아도 온통 색色, 빛깔 천국
지나는 얼굴들 알 수 없는 색상이
뒤범벅 가쁜 숨 쉬고 있네

살아오면서, 세월 따라가면서
뒤 쫓아온 녀석
온몸 아롱다롱 수놓고 있어

갈구하는 색을 쫓아
밀어내도 입혀지는 버거운 빛깔
어우르지 못하고 키를 재다 엉켜 넘어져

겹겹이 무거워 한 꺼풀 한 꺼풀 벗으면
갓난쟁이 무채색 하나 남은
허물도 허울도 모두 걷어 낸
티끌 한 점 없는 태곳적 빛깔

돌아가 뒤돌아서 다시 걷는 길
매미 날개 투명 빛깔로 하늘에 올라
어둠 걸러 푸른 바다 띄우고
외 돛 조각배 별빛 머무는 기슭

그대 가슴 얽어 놓은 색색 실타래
버무려 어느 빛깔로 손들며 반길지

그리다 만 세상

거기에 있다
빛이 그리워
귀퉁이에 앉아
닫힌 문만 바라보는 아이

여기에 없네
꿈속에 찾아와
이슬채운 동공으로
물끄러미 응시하는 녀석

어디에 있을까
어디로 숨었니
스무고개 넘어야
네가 보일까

아
마음이 가뒀네,
언어가 모자라
그리다 만 별유천지別有天地

기대

어쩌다가
팽개쳤던 끈 하나 잡네요

문자도 카톡도 배달되지 않아
문 열어 봅니다
모두 닫힌 대문
누구도 다가오지 마 시위하나 봐요

자물쇠 덧대면
모른 체 지나리라 했는데

손 내밀 때 가시 쥐어 줄 걸
들려주는 꾀꼬리 노래
이어폰 꽂아 막을 걸

집 앞에
얼룩진 마음 청정수에 빨아 널면
달무리 헤치고
아침 까치 날갯짓 하겠지요

나 만의 성

담을 쌓아요
누구도 넘볼 수 없는
오로지 넘나드는 햇살과 바람, 어둠
그리고
아스라한 곳에서 응시하는 달, 별

그대는 어디 있나요
노을을 뒤져봐도
눈물이 촛농으로 흥건히 흘러내려도
꿈속에 숨었나 매일 밤 걸어봐도
잡히는 건 허공 따라오는 비틀대는 그리움

간다, 온다, 기다리라는
한마디 뱉음도 없는 사람

따스한 빛살이 실어올까
부탁받은 바람이 전해 줄까
어둠은 뒤질 수 없어
날 밤으로 별을 따러 갑니다
행여나 달 속 항아가 되었을까
눈 시리게 우러러도
어디 있나요

성이 지어지기 전에 오세요
눈도, 귀도, 마음도 닫히기 전
밤마다 놓는 은하수 디디고
그니가 되어 오세요

당신 오면 흔적남은 성터에
연리지 한 그루 자라 나이테 수를 더하면
새들 깃들어
동화童話를 읊겠지요

남루

기대했었나요
많은 눈길들이 머무는 그대 곁에
걸맞은 눈빛 받으리라
구름 한 조각 비껴가길 하늘에 빌고
별과 달을 훔쳐 후광으로 심어 주고
대지에 부탁해
철철히 피어나는 이슬 머금은 꽃 데려와
그대 치장해 주고 남은
시든 꽃잎 기워 앞 섶 가렸을 뿐

시샘 바람에 휘청이면 고운 몸 상할까
질긴 삼 줄기 장대에 동여매어 맞서
한 귀퉁이 베이고

꿈같은 풍경 안에 잠이 들면
파수꾼으로 부른 반딧불이
간식으로 쥐여 줘

뭇시선이 술인 줄 그대도 몰랐겠죠
붉은 도화 만발한 얼굴 거친 호흡
고양이가 되네요
저리 가 할퀸 상처 꽃잎 몇 장 떨어져요

너덜 해진 몰골은 수발한 결과
걸친 옷에 세월이 조각조각 분리되는
당신이 내준 훈장이
포도송이 산화된 상흔인걸

맑은 바람이 당신의 숨결을 찾아 줍니다

'나' 라는 사람

'나' 도 '나' 를 모르는데
어찌 알겠어요
섭리를 알지 못하여 잃어버린 빛
허드레 창고에 쌓인 빈 쭉정이

국적은 대한민국 맞는데
고향도 사는 곳도 뿌리내린 적 없는
물길 가는 데로 끌려가는 부초
바람이 불어서야 흔들리는 잡초
나비로 탈각하지 못하는 번데기

이런저런 핑계의 끈을 이어놓아도 보이지 않아
바라봐 줄 그대조차 스치듯 지나네요

소리 죽여 알찬 콩깍지 품을
해를 키우러 갈까 해요
딛는 길이 절벽, 해일로 가로막히는 절망 안
후광으로 발하는 찬란한 꿈

'나' 를 마주하는 시험대를 거치면
당신도 눈길 한 번 주겠지요

달려라 버스야

시간이 졸고 있네
열린 문 닫지 않고 기사는 딴 청
햇살 한 줌 의자에 기대
지쳐 잠들어

아쉬움 붙잡아 겨우내 묵힌
미세먼지 털려
파스텔톤으로 연 하늘
하늘하늘 바람
꼬리 흔들며 유혹하는데

맞으러 가야 할 마음은 잰걸음
승객이 적다 궁시렁 기사
출발은 언제일지 알 수 없네

밤새워 다림질한 시작 줄
굽이굽이 실타래 풀어놓고
구름 따라오라
아롱다롱 꼬까 길가에 뿌려 놓고
기다림, 붉은 눈시울 학이 되어 갈 텐데

따라오다 보니

새벽 맞는 풀잎
이슬로 몸 단장 하기도 전
칭얼대는 녀석 업고 들어선 길
소매 안 술래 바람 휘적휘적
앞장서서 가네

바람 걸어가면
들과 산, 하늘 보고
쉬면 냇가에 해진 발 담그고
하늘 향해 뛰어가면
찬 숨 불러내어 앞뒤 못재고 해를 건너
눈보라 심술부리러 오면
등걸이 품은 별빛 받아 녹이는 언 몸

오다 보니 트인 언덕
잠든 돌덩이 건네받은 저녁 바람
포상으로 고된 길 이마에 뉘어주는
희끗희끗 머리칼 너머

지나 온 여정 빙그레 맞아주는 석양
만산홍엽滿山紅葉
노을에 자작자작 타는
깊어가는 늦가을이네

또다시 봄

왜 찾아왔을까
매듭 끊고 눈길조차 닿지 않는
별 너머로 가버려 놓고

또다시 봄
어깨 기대고 앉아 하늘 보던
천만 갈래 폭죽 흩뿌리던 벚꽃
다시 봄을 타고 오지만
목소리 닿을 수 없는 머나먼 사람

꿈에서나 보고 지고
길 따라 가다가다 멍든 가슴
흰 잎에 떨구는 각혈 한 모금

비인 자리 그대로이면
송이송이 배인 숨결 가두고
안개에 머무르는 너 끄집어
동공에 두지 않을 텐데

봄이 그대 인양 곁에 앉고 있네

미안하고, 미안해

온다는 언약 어설피 답해 놓고
늦밤이 여명 틔울 때까지 지샌 눈
황사의 군무에 섞여 흐르다 내려앉는
세상 가두는 누런 안개

앞도 방향도 가늠 어려운
모퉁이에 서있는 사람들
멎어 버린 발길

서둘러 오는 봄 길을 잃어
길 벗 바람 순수의 파도를 일으키고야
핏기 가신 세상이 화장을 한다

하늘엔 에메랄드 바다가 들어서고
꺾이지 않는 꿈 지상에 펼쳐지면
연초록 함성 틈새로
색색으로 치장한 입매 흐드러진 고운 님

절정 향해 질주하는 봄
흘리는 땀방울 젖어들어
새롭게 시작되는
가슴 뛰는 일 년의 약속

바다

언제부터 바다를 끌어안고 살았나

툭툭 던져진 말들이 가시로 박혀
밤새 뒤척이다 여명이 어둠 쪼개면
해무 벌려 토하는 붉은 피

사람들은 소망이니 기대니
소원을 빌지만
정작 가슴 녹은 아픔덩인 줄

욕심의 투망질로 든 멍이
푸른빛으로 배어 나와
출렁이는 줄도 모른다

가다가다 울분이 터져
해일로 일어설 때에야
하늘 향해 커져가던 사람들
키를 줄인다

감내가 버겁다
잔물결로 그르렁 대던 녀석
내 안에서 오늘도 지쳐 눕는다
늦밤이 등대지기 엄마 품을 부른다

부딪혀 올 때

들판에 봄 향 살랑살랑 스러지면
볼 우물 수줍은 배꽃
노을 속 낙화
황혼 밟는 그대

비인 가슴에 품은 씨앗
햇살 보듬어 움트고

뜨거운 보고픔
빛 고운 가을
담은 해에 붉어지면

시샘 바람 은하수로 막아 서
시린 별 홀로 깜박이네

다시 배꽃 피면
새하얀 그리움 송이송이 문 열면

님이여
진달래 꽃술 입 맞추는
맑은 이슬로 오시는 길
달고 온 눈물일랑

바람에게 건네 주오
노잣돈으로

봄바람은 왜 흔들릴까

설풍이 가고 미풍이 온다
폭풍, 추풍도 올 터인데
걸친 옷만 다를 뿐

바람은 바람인데
제 각각의 이름으로 머물다
꽁무니를 보인다

다가오는 화려한 신부들
시샘인지, 부러움인지, 질투인지
바람, 맑은 얼굴 그대로면 될 터
흔들리는 사람처럼
바람도 마음 따라 비틀댄다

마음이란 게 너와 나에
매임 아닌
무심 가장한 바람에
둥지 튼다

봄길에 바람이 흔들린다
네가 품은 시샘 따라온 안개
낮술 했는지 갈지자다

사랑

알려 줄래요
설익은 낱말이 아는 체 어른 거리는
사랑이라는 말

해와 달 그리고 별
밝게 다가와 누군가를 가슴에 담는 것
꽃으로 화사하게 피어난
그대 모습 떠올리는 일

해와 달 그리고 별은 손에 쥘 수 없고
꽃은 빨리도 시들어요

로미오와 줄리엣 목숨 건 마음
춘향이와 이도령 고난 이긴 해피엔딩
아님,
그대와 나, 곁에 두고도 보고픈 절절함

외사랑도 있다는 말
안 들을래요
운무 속에 아릿함이 떠 돌다 넘쳐
가슴 가득 먹빛 울음 빗물 져오니

살다 보면

하루에도 몇 번은 바뀌는 하늘 따라
꽃 피고 지는 그대 얼굴
세월 매다 허리 펴면
손 끝에 미끄러진 풍경 하나
휘어버린 등을 밟고 떠나가네

태양 쫓다 추락한
이카루스 못다 한 꿈 쫓지만
칡넝쿨이 얽어 오는 발목

가끔은 다른 손 빌어 매는 김
배어 나오는 아픔 달무리에 숨기고
바람에 부탁해 눈물 훔치네

그래도
뿌린 씨앗이 아이 눈에
빨강, 파랑, 초록에 투명 노랑 커튼 친
마티스 손이 그려내는 뛰노는 빛

살다 보면
밀물, 썰물 조율된 고운 선율 뽑는 몽돌
삶의 겨울 끝에서 얻는
아이 눈망울이 담아내는 고운 풍경

실향

툭하면 단골 메뉴
오늘도 어김없이 식탁에 오른다

전쟁으로 상실한 고향
물이 먹어버린 삶 터
꿈에서도 온몸 떨며 가고 픈 곳이건만
뿌리 모르는 각설인
어머니 자궁이 고향일까

그리움으로 밭을 일군 사람들은
향수 캐다 밥 짓는다지만
채이는 건더기도 없어
짠내 그득한 눈물로 채우는 허기

바람이 끄는 대로 삽자루 둘러 매고
고향이 어딜까 걸어가는 석양 속 그림자
일 굴 빈 터 찾아
터벅터벅 지친 걸음 다독인다

찾아 주세요

그토록 바람으로 불러 보던
한겨울 쫓고 훈풍 앞세워
연초록 군대 서열 받으며
그대라는 사람은 왔는데
가려져 존재조차 아득한
하늘 열고 곁에 섰는데

나란히 걷고 있는
그댄 누구신가요
밀어내는 그 옆은 또 누구죠
주고받은 말도 잊었네요

시린 계절이 몸을 얼리듯
마음도 묶여
살아온 기억도, 스쳐간 사람들도
냉동고에 두서없이 넣어버려
끄집어낼 수 없어요

미소는 끼고 살았던 듯한데
어디 갔는지 실종됐어요

찾아 주시면

마음이 열리고, 입술이 열리고
말문이 열려

나란히 아닌 마주 봄이 될 수도 있는데
도와주실 거죠?
말문이 트여 우리 둘 사이
알 수 있도록

편안해서 좋다

커피 한 잔 마주하고
눈 부신 햇살 마신다

늘 인사하는 아침이지만
특별할 것도 없는 순간이지만
마음이 따듯하게 녹는다

떠나야 할 것은 뒤를 보이듯
늦도록 보듬던 밤을 보내고
올 것 또한 거부를 넘어
울 안에 서성이고 있지 않은가

가고 옴이 한때는
가슴앓이로 남아
세월 발자국에 담아냈는데

지나고 보니 곁에는
물음표만 지키고 있더라

세월만큼 퍼내고 또 비워내어
미풍에도 일렁일 사연 들어내는
하루하루가 있어 좋다

마음에 녹고 있는 앙금 없는 차
맑음이 참 좋다

인생길

간다고 갔는데
뒤도 안 보고 걸어왔다 했는데
시작도 끝도 보일 듯 말 듯 실안개 가려진
나그네 길이었네

설원을 헤치고
봄 둑을 넘어
키운 열매 풍성하리라 기대는
춘몽 안이였네

길가에 뿌린 삶의 은유는
아집의 틀 안에 갇혀 있어
쭉정이로 말라가고

마음 밭이 황량하여
때 이른 늦가을
서리가 앉고
휑한 바람 앞질러 가고 있네

밤마다 일으키는 불로 태우고 또 태워
지친 걸음 다독이며
두견이와 밤새워

햇귀 아래 순수 잎으로 고개 드는
묘목에 눈물 줄거나

긴 것 같은 아득함이
찰나의 순간으로 스치는
제자리에서
사그라지는 잔불 깨워 다시 한번
발을 디딘다

재촉

찡그린 그믐달
어스름도 내리지 않은 서산 귀퉁이에서
뒤통수 따갑게 노려 보네요

안 갈래요
발을 보면
버섯꽃이 피었다 진 지
겨우 한나절
어떤 꽃 피우라 유혹 노을 보내나요

볕이 기울어
열어주는 길 미로인데
못 가요 아니,
일어설 수 없어요

구름꽃 쏟아져
융단으로 깔리고 새털 꽃신 신겨준다면
나폴대는 바람 부축해 준다면

어둠이 갉아먹은 황혼녘이라도
별이 반겨 줄
뛰쳐나와 보듬어 줄 소망에 기대

눈밑 안방인 양 앉고 있는 다크서클
화장으로 예쁘게 치장하고

힘낼게요
출구를 감춘 생의 동그라미
오는 문 가르쳐 준 선생도 없었는데
가는 문 찾기도 독학으로 풀 숙제라면

빛이 숨은 공간 안에 헤매고
막히는 숨
오뉴월 열기 늘어진 개 혓바닥
긴 가뭄 등 뒤집혀 허연배 드러낸대도

피곤 얽기 설기 그물 친 머리맡
오늘의 수행 점검 확인란 찍힌 마침표
촛불로 일어서
한코 한코 가두어 갑니다

한 잔 술이 부르는 노래

그대 찾아 나선 지금은
한 조각 쉬일 빈 터 조차 없다

부르튼 발품
반기는 건 뒷모습의 구름
술잔에 붙들어 한 잔

마주 할 이 없는 잔
바람이 담기고
황혼이 여기는 어디 물음으로 찾아와
추스르라 불러 주는 밤

저 홀로 빛나 부끄러운
별 보듬고 꿈길로 가면
한 잔 술이 부르는 노래 부여잡고
그댄
장승으로 서 있을까

듣지 못할까
나뭇잎 깨워
장단 넣어 달라 부탁하네

해설

언어의 숲에 핀 꽃
방동현 시집「그대가 꾸는 꿈」시해설

김신영(시인, 문학박사)

1. 들어가며

문학의 꿈을 간직한 채 살아가는 것은 무엇보다 정신적 가치를 물질보다 소중히 여기는 오롯한 사유라 하겠다. 방동현 시인은 좀 늦은 나이에 첫 시집을 엮어내면서 그간의 근원적 아쉬움을 풀어 언어의 숲에 부려 놓는다. 그가 부려 놓은 언어는 이제 막 숲을 향하여 길을 가기 시작하였다.

눈으로만 보던 초록의 숲은 아름답지만 인생은 번개처럼 흘러가 이제 저녁 노을을 바라본다. 그동안 언어로 집을 짓는 꿈을 꾸면서, 가끔 그 숲에서 쉬고 살 힘을 얻었다. 그러다가 아쉬운 인생 뒤안길에 있던 시심을 앞으로 끌어내어 한 권의 시집으로 상재한다. 힘겹게 마음에 부딪쳐 오던 흔적과 부유물이 숲에서 시인을 부르고 그렇게 한 권의 시집으로 엮인다.

평생을 지탱하는 본래적인 힘인 문학과 더불어, 그대는 함께 시를 쓰고 읽는 기쁨을 누린다. 그대와 화자는 일심동체다. 또한, 이 숲은 그대가 있는 은밀한 공간이다. 온통 그대가 꾸는 꿈을 함께 꾸는 곳이다. 이곳에서 방동현 시인의 존재와 그대의 응어리를 풀어 시심으로 내어놓는다.

2. 석탄 백탄 타는 시간

무심하게 지나는 세월 동안 전신 거울을 건성으로 보다가 어느 날 자신의 모습을 인식한다. 그렇게 문득 뒤돌아보니 낯선 그림이 거울 속에 있다. 전혀 알아볼 수 없는 사람이다. 그를 마주하고 선 화자는 그가 또한 자신과 많이 닮아있다는 것을 깨닫는다. '잊고' 지낸 시간 동안 몰라보게 변해 버린 자신을 보고 저윽히 놀라는 것이다.

그동안 의식하지 못하고 지나치던 시간, 흘러가 버린 세월이 청춘을 모두 데리고 갔다고 한탄한다.

　　오며 가며 그러려니/ 지나치기 일상인 전신 거울 앞 어느 순간/ 눈에 박혀 뜰 시간을 잊었다//
　　거울 속의 자네는 누구/ 초대한 적 없는 낯선 이가/ 물끄러미 마주한다

　　구부정한 어깨 뿔테 안경 빠진 볼살/ 가로세로 주름 지나는/ 적은 숱에 희끗희끗 중년// '아하/ 내가 나를

잊었구나'

> 빛바랜 사진첩의 젊은 이/ 뒷모습을 언제/ 기억 속에 감추었나//
> 그리움은 떠난 자를/ 데려오지 못한다//
> 보고픔 저대로 두고/ 세월이 빚은 이대로/ 걸어가야 할 밖에
> ─「거울을 보며」

살면서 자신을 제대로 바라보지 못하거나 인식하지 못하고 살아갈 때가 많다. 문득 자신을 돌아보면 이미 많은 시간이 지나 있고 모습은 전과 다르게 다가온다. 이에 화자는 놀라움을 금치 못하면서 낯선 자신을 마주한다.

그러면서 반문한다. 초대한 적 없는데 거울의 그대는 언제 온 것이냐는 의미다. 사진첩에 있던 젊은이는 사라져, 기억 속에 모습을 감추고 말았다. 자신에게 익숙한 것은 젊을 때의 사진이다. 이는 젊은 모습으로 자신을 상상하고 있었다는 의미가 된다. 그는 나이 드는 자신을 잊고, 젊은 자신만 인식하고 있었던 것이다.

따라서 거울 속에 비친 모습을 한참을 들여다본다. 그는 어깨가 구부정하고 뿔테 안경을 끼고 있으며 볼살은 빠져서 영락없는 나이가 지긋한 모습이다. 게다가 희끗희끗한 머리카락의 나이 지긋한 중년이 보인다. 인생은 유수처럼 흘러 자신을 잊고 살만큼 정신없이 달려온 것이다.

누이에게선 들국화 애잔한/ 향이 스며 나온다//
바람 꼬리 하나 잡아/ 날아온 돌무더기 옆//
땅에 빌어 내리는 뿌리/ 이슬로 달래는 타는 목
비바람 견디는 목숨 줄에/ 잎마다 애달픔이 묻어 난다

마음에 그린 알록달록 세상/ 황무지로 펼쳐져 가도
흐르는 세월/ 무관하다 고개 젓지만
어깨에 얹히는 무게/ 등은 내려만 앉고

그 끝에 피어나는 들국화/ 고단한 생이
세월이 입혀준 강인함과 쓸쓸함 버무린
보라 화관을 쓴다

눈을 들면/ 노을 걸린 지평선 아래
쑥부쟁이 보라의 누이가/ 거기 있다
—「누이」

위의 시에서 보랏빛 쑥부쟁이가 등장하고 있다. 그는 쑥부쟁이에서 누이의 잔상을 본다. 풋풋하고 애잔한 향이 스미는 쑥부쟁이는 누이를 닮았다. 누이는 강인한 생명력을 지닌 존재다. 여린 듯하지만, 그는 거친 땅에 단단하게 뿌리를 고정하고 척박한 환경에서 힘있게 살고 있기 때문이다.

누이의 슬픈 것은 환경에서 비롯한다. 누이가 처한 환경은 돌무더기 옆에 건조한 땅이다. 혼자서 돌무더기를 헤치고 뿌리를 깊이 내려야 하며 바람을 견뎌내야 한다. 그 때문에 그의 잎마다 쓴맛이 우러난다. 누이는 생의 무게에도 불구하고 보라 화관을 쓰고 있다. 아름다운 화관은 생을 잘 이겨낸 산물이라 하겠다.

3. 석탄 백탄 타는데

  자신의 타는 마음을 석탄 백탄에 빗대어 표현한 민요를 어머니가 즐겨 불렀다는 이야기는 뼈아픈 어머니의 마음을 느끼게 한다. 시인은 어머니의 존영을 간직하고 있지만, 시간이 지나면서 차츰 기억도 희미해져 간다. 프린터로 인쇄하여 간직한 어머니의 모습도 흐릿하다.

    석탄 백탄 타는 데 연기가 펄펄 나고요
    이내 가슴 타는 데 연기도 김도 안 나네

    첫 제사를 모시며/ 간직하자, 잊지 말자 두 마디 문구
    프린터로 뽑아 추억/ 첫째 장에 간직했으나
    스멀스멀 그 자리를 차지한/ 핑계/ 사진을 보아서야
    또렷한 어머니 모습/ 걸어 나오시기 여러 해

    섭섭하셨나 보다/ 석탄가 두 소절 앞세워 마주한
    내 여섯 살/ 늦봄 금계산 자락/ 화전 밭 옥수수 고랑을 매던
    어머니와 네 남매/ 어린 기억 속

    당신의 단 두 소절이 골짜기를 타고/ 마을을 건너
    석양으로 향하는 곳

    청중은/ 푸르름 잔치의 산천/ 치닫는 골짜기 바람

한 귀퉁이 숨은 하늘과 대답 잃은 메아리, 그리고
　　소도시에 유학 보낸 큰 누나/ 태어나기 전 막내를 제외한
　　열 살 전후의 네 남매

　　미완의 노래 두 소절이/ 반복되는 질곡의 삶
　　무능한 남편 다른 여자에게 내어 주고
　　쫓기듯 산골로 숨어들어/ 화전밭 빌어 자식들 생계
　　보듬어야 했던 당신/ 모습이 가물댈 때쯤 찾아오는 손님
　　자식을 불러내어 아저씨라 부르라던/ 남편 존재 애써 부정한 애증의 세월
　　철든 후에야 알았네/ 당신 단 하나 위안이었음을

　　잘 지내라 한마디/ 돌아서는 뒷자락에/ 아이인 양 따라가는 노래 두 소절
　　남은 자에 각인시킨 모진 삶/ 헤아리지 못한 회한이/ 눈물로 잠기네
　　　　―「석탄 백탄타는 데」부분

　어머니의 인생을 노래한 시다. 지나간 시절, 어머니의 인생은 인고의 세월이다. 그가 견디어 내는 시간, 삶은 그대로 한이라 하겠다. 그래서 어머니는 두 소절의 민요를 가슴에 담고 다닌다.

　석탄이나 백탄처럼 타는 것들은 연기가 나게 마련이다. 그러나 순간마다 타들어가던 어머니의 가슴은 연기가 나지 않는다. 연기가 날 수가 없다. 연기가 난다고 말을 해도 안되고, 힘들다고 표를 낼 수도 없다. 묵묵히 자신의 인생이라 여기고 순응하면서 살아간다.

어머니들의 인생은 누구를 막론하고 그만큼 인고의 세월이며 인내가 필요한 시간임을 나타내고 있다. 두 소절의 경기민요는 어머니의 마음을 그대로 대변한다. 살기 힘든 시절에 자신의 인생을 잘 살아내기 위해 안간힘을 쓰던 어머니는 누구보다도 애타는 가슴을 갖고 있으나 연기가 나지 않는 상황인 것이다.

> 삶이 가다가/ 비바람의 풀잎으로/ 쓰러질 때
> 손 내밀어 다독이던 사람//
> 지금은 먼 먼 뒤안길로/ 걸어가/ 기억 속 시린 별로 뜨고
> 저문 해 뒤의 노을로 옵니다//
> 계절과 관계없이 오는 그대는/ 창가를 지나 거실로 내려서
> 가만가만 그림자를 드리웁니다//
> 삶은/ 눈보라에 묻혀 가도/ 예비가 되어 있나 봅니다
> 실체도 없이 곁을 지키는/ 이 그리움처럼
> ―「그리움」

위로의 손을 가진 사람은 화자가 힘들어할 때 손 내밀어 다독이면서 그리움을 전한다. 그는 지금 먼 뒤안길로 걸어가 버린 후 노을로 다가오는 사람이다. 그렇게 멀리 간 사람은 계절과 상관없이 화자를 찾아오고, 창가에 시간에 따라 그림자를 드리우기까지 화자를 따라온다.

삶이 고된 화자는 그러한 노을을 보면서 위로를 얻고 위안을 받으며 실체도 없이 곁을 지켜주는 사람을 느낀다. 그 사람을 몹시 그리워하고 있는 모습이다.

4. 낮달에게로

 세상에는 해 그늘이 필요할 때가 있고 비그늘이 필요할 때가 있다. 아기로 설정된 낮달은 엄마의 손을 놓치고 혼자 떠돌면서 따가운 햇빛을 받는다. 해그늘이 필요한 시간이다. 그러나 아기는 엄마 손을 놓치고 낮달처럼 낯선 곳에 있다. 숲은 아기가 훌쩍이는지 이슬을 맺고 바람이 수소문하여 엄마를 찾는다.

 우리가 놓친 아기는 훌쩍이면서 엄마를 부른다. 낮달은 엄마 없이 나타난 화자를 대신하는 사물이다. 그는 어머니 없이 홀로 훌쩍이면서 무지개를 바라본다. 어머니 손을 놓치고 홀로 자신을 지켜야 했던 쓸쓸한 시간이 그려지고 있다. 돌봐줄 사람이 없어 바람이 도와주고 이슬이 대신 훌쩍이고 있다. 사람들은 모두 어머니의 손을 놓친 것처럼 엉뚱한 시간에 나오는지도 모를 일이다.

> 어쩌다가 아기는/ 나들이에 엄마 손을 놓쳤나
> 따가운 햇빛 가득한 하늘을 떠돈다//
> 새벽 풀숲 이슬에/ 훌쩍이는 아기
> 바람의 수소문이 엄마를 부르고//
> 초저녁 동녘/ 찬란한 손톱으로 빛난다//
> 우리들이 놓아 버린 아이는/ 계절이 다 지나도 얼음 벌판 사시나무/ 다가와 보듬어 줄 누구도 없네//
> 언제쯤/ 무지개 칠 채 중 하나를 만나/ 햇살 아래 꽃으로 웃나//
> 금빛 발 딛는 만월/ 응원의 노래가/ 휑한 바람 재우며

조용조용 화톳불로 다가간다
　　　—「낮달」

　자신의 위치를 못찾고 나올 때를 잘못 나온 달의 모습은 안타깝게 그려지고 있다. 달은 돌보아줄 사람이 없는 상태를 드러내어 아기로 설정되고 있다. 아이는 보듬어 줄 사람없이 슬픈 일상이 펼쳐지고 눈에서는 이슬이 맺힌다. 그러나 그것으로 끝이 아니다. 곧 금빛으로 가득한 만월이 차 오를 테니 말이다. 이에 아이는 바람이라는 시련과 고난의 상황을 잠재우며 화톳불에 다가가고 있다.

　아래의 시에서는 어린 시절, 근심도 모를 나이에 화자는 덥다, 춥다, 슬프다, 아름답다를 표현하면서 나타나고 있다. 그것은 홀로 남겨진 화자의 얼굴이라 하겠다. 외롭고 쓸쓸한 그는 자신의 얼굴에 어리어 있는 그때의 표정을 읽는다.

　　어렵다/ 어린 눈망울이 받아들이기 시작한/ 철 따라 변해가는 계절이
　　티끌 한 점 없는 순수로 인화되어/ 시름도 근심이란 말도 모른 체
　　덥다, 춥다, 슬프다, 아름답다 얼굴에 그렸었는데

　　참 어렵다/ 젊은 날 세상과 부대끼며
　　눈에 덧씌워지는 검은 안경/ 갈피 잃은 헛발질

　　그래도/ 해와 달이 수십 번 뒷모습 보인 후에

따리 튼 먹구름, 비바람의 이리떼는 꽁무니
　　볼 수 없을 것 같은 여명은/ 어둠을 사르며 온다는 것

　　삶, 산다는 건/ 새벽이 깊어도 아침이 오듯
　　농부가 떨어뜨린 낱개의 눈물이
　　황금으로 열리는/ 황홀하게 채색되는 들판에 서 보면
안다
　　　　─「산다는 건」

　산다는 것은 화자에게 있어 황금빛 희망이다. 그것은 반드시 물질적인 성공만을 의미하는 것은 아니다. 젊은 날에는 세상을 살아내면서 헛발질로 갈피를 잡지 못하고 힘들었고, 더 나이가 들어서는 이리떼와 먹구름으로 힘들었다.

　인생은 고난의 연속이었기에 희망 없이는 어떻게 견뎠는지 알 수 없는 상황이 나타나고 있다. 그는 아침이 오듯이, 곡식이 열리듯이 그렇게 희망으로 살아간다는 것을 알려 준다.

　희망을 잃지 않고 살아가는 것만큼 힘든 인생을 행복하고 힘있게 살아낼 소망을 주는 것은 없을 것이다. 이에 화자는 희망에 기대어 힘든 인생을 씩씩하게 잘 살아온 것이다.

　　뜬구름 쫓을까/ 어둠 물리면서도 고요한 별을 담을까
　　갈피 잃어 뒤척이는 밤/ 초침 째깍째깍 헛기침
　　거기 가면 얻을 수 있다기에//
　　나락도 없는 무저갱에 갇혀 신음하는
　　말라가는 꽃 한 송이/ 반딧불이 등을 빌려 뜰에 내린다

   삽 한 자루 돌무더기 고르고/ 얼기설기 짚을 엮어/ 움막 치고 누이는 지친 몸//
   햇볕 꺾어 화병에 꽂아주고/ 타는 목 계곡물 양손 받쳐 어루만지면//
   열리는 눈부신 세상/ 맑은 하늘이 들어와 앉아
   끌림 따라 나폴대는 나비의 흥 오른 춤사위//
   수정에 담아 옮겨 놓은 꿈/ 너는 시름시름/ 풍겨오는 시궁창의 역겨움
   아직도 벗어내지 못한 남루가/ 물들게 했네

  얄궂은 삽에 들려/ 네 눈이 부르는 비에 젖어 멀어지면
  마주치기 두려워/ 반쯤 연 창문 비켜 앉기//
  멀었다/ 성난 눈보라
  여백으로 남기는 뜰의 겨울
      ―「겨울 뜰」

 고요한 겨울의 뜰에서는 추운 날씨에 나락 없는 무저갱에 갇혀 있는 화자를 만난다. 그는 무저갱에서 가난으로 신음하면서도, 꽃한 송이를 들고 있다. 그러나 그 꽃은 말라있다. 마른 꽃이지만 희망이자 아름다움이다.
 또한, 반딧불처럼 작은 등을 켜고 뜰에 나서고 있다. 추운 날씨에도 아랑곳하지 않고 밖으로 나가 등을 켜고 있는 것은 어둠을 밝히는 행동이라 하겠다. 날씨는 엄동설한이라 밖으로 선뜻 나설 수가 없지만 자신처럼 추워서 떠는 자연인, 화병에게 햇빛을 주고 온다. 화병을 어루만지는 것은 겨울 날씨를 잊게 하기 위한 행동이며 엄동설한을 잘 견디기 위함이다. 춥지만 나비처럼 춤을 추고 흥을 돋우면서 아직 시간이 지나야 하는 겨울을

여백으로 남기면서 서서 풍경을 바라보고 있다.

 햇볕 따사로운 맑은 날// 구름이 슬프다 찌푸린 얼굴
 눈물 질질 뿌리며 가고/ 부어터진 화 난 바람/ 가지 꺾으며 달아나

 붙박이가 싫어 기지개 켜고프다/ 토라진 세상
 바다가 불러온 풍랑/ 육지를 해일로 사납게 덮으려 하지만

 까닭도 맞지 않는 표정/ 흔들림도 모르는 평안/ 그 고요//
 노을과 어둠 끝에 만나는/ 그린 대로 다가오고 떠나가는 가면 뒤
 끼인 먼지 씻어 낸 순혈의 심장
   —「마음비우기」

 방동현 시인은 변화무쌍한 날씨에 민감하다. 날씨는 햇빛이 비쳐야 하나 구름이 찌푸리니 비가 온다. 비가 오면 바람은 더욱 화가 나서 가지를 꺾으며 가고 나무는 나무대로 화가 나서 토라져 있다. 좋은 날에 바람은 불고 구름이 끼고 비가 오는 것을 긍정하다가 부정하는 표정이 역력하다. 화자는 그렇게 맑은 날씨를 기대하다가도 고요한 노을이 어두워지는 저녁에 가면을 벗고 순혈의 심장이 되기도 한다.
 맑은 심정을 가슴에 담고 싶은 화자는 순혈의 심장을 기대하고 그렇게 가면을 벗는 것이다. 순수를 지향하는 화자의 지극한 성정이 드러나고 있다.

5. 그대의 이름

사랑도 때로 화자를 아프게 한다. 살다 보면 우여곡절로 엮이는 것이 인생이라 하겠다. 지극한 사랑도 인생의 일부가 되어 삶에 침투한다. 그 우여곡절이 때로 화자를 많이 아프게 하기도 하는 것이다. 그러니 사랑하지만 그것이 허상일 때가 있다. 이에 마음은 더욱 갈증과 오한을 느낀다.

몰랐다/ 꿈으로 부풀던 풍선이 어느 순간
바람 빠진 빈 껍질의 허전함/ 상실은 갈증과 오한을 동반해
손등에 온기 나눌 허상 쫓았던 일들이/ 가슴 귀퉁이에 씨로 뿌려지고 움이 터
그대라는 흑장미 한 송이 피우고 있음을

그대 잠든 밤이면/ 가장 푸른 리겔 따다 등롱 밝히고
더욱 붉어지는 선홍에/ 안식처 찾은 영혼이 떨어져 내려
깊어가는 한 밤의 지킴이

말도 없이 그대는 가버려/ 텅 빈 자리 몰려드는 폭풍우
거친 숨을 토하면/ 파도는 몰아쳐 시도 때도 없이/ 생채기만 새기고 달아나

만남은 어긋나고 뒤틀려/ 시간의 간격마저 흐릿해
멋대로인 그대는 지워지지 않는 멍

사립문 새끼줄로 옴치고/ 가시 돋친 탱자나무 울타리

둘러
 다시는/ 오락가락 그대를 붙잡지 않으면/ 시끄러운 바다는 잠잠하리라
—「사랑, 그만」

 리겔은 밤하늘에 오리온 성좌의 가장 밝게 빛나는 별이다. 그냥 눈으로도 볼 수 있어 신화에도 많이 등장한다. 삶에 지친 화자는 풍선이 바람 빠져 허전해지자 상실감으로 어찌할 줄을 모른다.
 자신이 피우고 있는 것이 흑장미였다는 것을 알고는 더욱 실망한다. 하여 화자는 그대가 잠든 시점에 가장 푸르고 밝은 별인 리겔을 따다가 등롱을 밝히고자 한다. 밤을 밝게 하면서 자신의 사랑을 지키고자 하는 것이다. 밤은 그렇게 안식처를 찾아가는 시간이다.

 우리는 압니다/ 석양이 다시 못 올 것 같은 서글픔에
 선홍의 황혼으로 스러져 가도/ 어둠을 밟고 오는 새벽이 하루를 열고
 맑은 단장 수줍은 해가 꽃길로 온다는 것을

 지금 버겁게 다가와/ 질식하도록 내뿜는/ 이 고통
 입술 터지게 악물면/ 우리에겐 희망이라는 작은 안식처/ 기다리고 있음을

 황량한 늦가을 꽁무니바람을 타고
 절망이란 놈 그대 여린 바다에 소용돌이쳐와
 잠시 가져보는 위안도 삼켜

풀잎 엮은 작은 배 띄워/ 뜰채로 낚아 낸 자리 어린 산호 뿌려 자라고
　　　풀어놓은 형형색색 물고기 노닐다/ 수면 차오르는 무지갯빛 황홀함으로
　　　상처 보듬어 한숨 돌릴 수 있는/ 어부가 나였으면 좋겠습니다
　　　　　—「위로」

　사실, 방동현 시인에게 가장 필요한 것은 지극한 위로라 하겠다. 그가 어떠한 삶을 살았을지 알 수 없으나 누구보다 열심히 성실하게 산 것만은 분명하다. 혹시 살면서 주변인들에게 상처를 주지 않는 순수를 지향하는 사람이다. 그럼에도 불구하고 그는 지금 이 시점에서 다정하고 따뜻한 위로가 필요하다.
　즉, 꿈을 잃고 살아온 시간은 버겁게 질식하는 시간으로 고통이 되어 있다. 이에 세월을 견디며 이를 악물고 열심히 살아온 것이다. 이에 방동현 시인은 위안마저 삼켜버리는 시간을 본다. 또한, 그 속에서 실망하지 않으며 그래도 작은 위안이라도 간절하게 찾고 있다.
　성숙하여도 사람은 때로 한마디의 위로에 목마르다. 이성적으로는 열심히 살다보면 꽃길이 온다는 것을 알고 있어도 말이다. 시시각각 몰려오는 갖가지 고통도 있다. 당장 그 순간에 고통으로 인하여 마음이 찢어질 것 같아 차라리 어부가 되었으면 좋겠다고 독백을 하기도 한다.

　아직도 바람은 불고 겨울이 끝나지 않았다. 방동현

시인의 겨울은 춥고 바람이 세게 불고 있다. 웃음이 실종된 그는 미소를 애타게 찾고 있다.

> 그토록 바람으로 불러 보던/ 한겨울 쫓고 훈풍 앞세워
> 연초록 군대 서열 받으며/ 그대라는 사람은 왔는데
> 가려져 존재조차 아득한/ 하늘 열고 곁에 섰는데
>
> 나란히 걷고 있는/ 그댄 누구신가요
> 밀어내는 그 옆은 또 누구죠/ 주고받은 말도 잊었네요
>
> 시린 계절이 몸을 얼리듯/ 마음도 묶여/ 살아온 기억도, 스쳐 간 사람들도
> 냉동고에 두서없이 넣어버려/ 끄집어낼 수 없어요
>
> 미소는 끼고 살았던 듯한데/ 어디 갔는지 실종됐어요//
> 찾아 주시면/ 마음이 열리고, 입술이 열리고/ 말문이 열려
>
> 나란히 아닌 마주 봄이 될 수도 있는데
> 도와주실 거죠?/ 말문이 트여 우리 둘 사이/ 알 수 있도록
> ─「찾아주세요」

 방동현 시인은 그대라는 사랑하는 사람이 있는데도 그대가 낯설다. 같이 걷고 있지만 또 서로 밀어내기도 한다. 서로 행복하고 아름답게 주고받은 말도 잊은, 이제 냉동고에 들어가 버린 미소, 그 미소를 꺼내고 싶다. 지금까지 미소를 항상 끼고 살았다고 생각했는데 가만 보니 실종된 상태다. 행복하고 기쁨이 가득하던 시간인

미소를 찾아서 이리저리 방황하고 있는 모습이 안타깝게 나타나고 있다.

그대와 미소를 지으며 마주하고 싶은 데, 미소가 실종되어 지금은 말문이 막혀 있다. 실종된 미소를 찾아서 SOS로 도움을 요청한다. 도와달라는 그는 혼자서 미소를 찾기에 벅찬 모양이다. 시인이 찾는 미소는 혼자서 찾기보다 함께 찾아야 하기 때문이다.

    그대가 붙든 건 꿈속 풍경/ 잡을 수 없는 신기루/ 네가 울면
    바라보는 눈에 다가서는/ 어쩌지 못할 천길 슬픔

    그대 고운 얼굴 얼룩지면/ 전이된 마음에 패이는 고랑
    깊이도 가늠 어려운 심연의 바다

    하루하루 걸어간다는 게/ 고삐 매인 소
    뜻도 기대도 어긋난/ 눈보라 숨긴 칼바람에 세워

    잠시잠시 훈풍 불어오면/ 막힌 숨통 여는
    늘 햇살 내려앉는 불러오는 세상

    그대 눈에 품는/ 배경으로 녹아들어
    그 모습 빛나게 할/ 웃음 가득 꽃이 고픈 마음
        —「그대가 꾸는 꿈」

나를 닮은 그대가 꿈을 꾸고 있다. 그런데 가만 보니 그 꿈은 신기루에 속하여 있다. 쉽게 잡을 수 없는 꿈을 꾸고 있는 것이다. 그리하여 천길 슬픔에 빠진 그대를

안타깝게 바라본다.

  그대의 고운 얼굴이 얼룩지고 그에 누구보다 공감하는 화자는 일심동체가 되어 같이 마음의 고랑에 빠진다. 그것은 깊이를 가늠하기 어려운 심연이다. 즉 그대가 슬프면 화자도 슬프고, 그대가 아프면 시인도 아프며, 그대가 실망을 하면 화자도 실망에서 헤어나지 못하는 것이다.

  꿈을 꾸지만 이루지 못한 꿈을 지닌 자는 하루하루가 고삐가 매여 있는 듯이 고달프다. 어떤 것도 자기 마음대로 할 수가 없다. 모든 것이 어긋나기만 하고 바람은 몹시 차고, 눈보라가 거세게 불어온다. 그러한 잠시 훈풍이 불고 그 틈에 햇살을 불러와 숨통을 열기도 한다. 그러면 갑자기 살아가는 용기를 얻는다. 커다란 위안을 얻는다. 그대가 꾸는 꿈도 크게 숨을 쉰다. 웃음 가득 피어 향기롭고 아름다운 꽃이 된다.

6. 나가며

  방동현 시인은 자신보다는 그대를 더 생각하고 아끼며 사랑한다. 그러한 잠시 거울 속에 비친 자신은 낯설어 놀란다. 늘 자신보다 가족을 생각하고 살아온 까닭이다. 그리고 누구보다도 그대를 지원하고 그대를 위해 살아가고 있다.

  그대가 꾸는 꿈에 전폭적으로 물아일체가 되어 합체된 마음을 표현하고 있기 때문이다. 따라서 방동현 시인이 꾸는 꿈은 그대가 꾸는 꿈에 다름 아니다. 소망을 이루고 행복한 미소를 회복하게 되기를 간절히 바래본다.